Kurt Pätzold

W0228319

Der Vergangenheit entgeht niemand

Vergnügen mit Clio? Nicht nur

Über die Muse der Geschichtsschreibung und den
Umgang mit der Vergangenheit durch die Historiker

spotless erscheint im Verlag Das Neue Berlin
Redaktion: Frank Schumann

Bezug im Abonnement: 12 Ausgaben im Jahr
Jahresabonnement Inland 59,50 Euro
Europa 74,50 Euro, Welt 84,50 Euro
Einzelausgabe: 5,95 Euro

ISBN 978-3-360-02073-4

© 2012 spotless im Verlag Das Neue Berlin, Berlin
Umschlaggestaltung/Satz: edition ost
Cover-Foto © Robert Allertz, Clio im Musenrondell des Parks von
Sanssouci. Plastik von Friedrich Christian Glume (1752)
Druck und Bindung: Nørhaven, Viborg

Ein Verlagsverzeichnis schicken wir Ihnen gern:
Das Neue Berlin Verlagsgesellschaft mbH
Neue Grünstr. 18, 10179 Berlin
Fax 01805/35 35 42
Tel. 01805/30 99 99 (0,14 Euro/Min., Mobil max. 0,42 Euro/Min.)

Die Bücher von spotless und des Verlags Das Neue Berlin
erscheinen in der Eulenspiegel Verlagsgruppe.

www.edition-ost.de

Inhalt

*Die Geschichtsdoktrin, deren Verbreitung gewünscht
wird, reduziert sich auf wenige Vokabeln [...]
Dass der ökonomisch und demografisch weit stärkere
deutsche Weststaat gegen den ostdeutschen
Staat einen teils erklärten (ideologischen),
teils unerklärten (Wirtschafts-)Krieg führte,
dass das Bedauern über das bescheidene Leben der
Brüder und Schwestern geheuchelt war, denn es ging
mit einer ganzen Skala von weststaatlichen
Maßnahmen einher, die den wirtschaftlichen
Fortschritt in der DDR bremsen
oder verhindern sollten,
kommt in dieser Geschichtsbetrachtung nicht vor,
deren Fundamentsteine Mauerbau, Schießbefehl,
Mauertote, Todesstreifen, Todesschüsse, IM, MfS,
Hohenschönhausen, Torgau und Bautzen bilden.*

Kurt Pätzold

Flüchtige Bekanntschaft mit einer Dame

Wenn auf Historiker in früheren Zeiten Lobreden gehalten wurden oder sich dieser Zunft Zugehörende zum feucht-fröhlichen Beisammensein trafen, wurde in feierlicher Rede selten versäumt, von den mit der Geschichte lehrend und forschend Befassten als Jüngern der Clio zu sprechen. Das Wort bedarf heute einer Erklärung, denn mit ihm verbindet sich für viele nichts denn die Bezeichnung eines französischen Automobils.

In der Geschichte der Astronomie Bewanderte mögen wissen, dass der deutsche Himmelsforscher Karl Theodor Robert Luther einen von ihm 1864 entdeckten Asteroiden, also einen jener um die Sonne sich bewegenden kleinen Planeten, *Clio* nannte. Ursprünglich jedoch benennt Clio eine Dame, mit deren Anrufung der Anspruch geltend gemacht wurde, eine Wissenschaft zu betreiben, die eine besondere Nähe zur Kunst aufweist. Denn die da Erwähnte ist eine der neun Musen der griechischen Mythologie und wie ihre acht Schwestern eine Tochter des Zeus und der Mnemosyne, die wiederum als Göttin der Erinnerung gilt. Diese Tochter nun war und sie ist für die Geschichtsschreibung zuständig. Auf Bildern und in Plastiken, die sie darstellen, ist sie, diese ihre Rolle kennzeichnend, daher mit Schreibutensilien zu sehen, zumeist einer Papyrosrolle und einem Griffel.

Der Name Clio geht auf das griechische Wort *rühmen* zurück und also lässt sich die Dame im Deutschen auch als »die Rühmende« bezeichnen, und tatsächlich soll sie besonders für das Genre der Heldendichtung zuständig gewesen sein. Diese Spezialität mag ihr nicht überall und nicht zu allen Zeiten besondere Sympathien eingetragen haben. Denn die Völker machten mit derlei Personen, wirklichen oder erdichteten Helden, schlechte Erfahrungen viele. Den Deutschen zumal sind wieder und wieder Helden der Schlachten präsentiert worden, Vorbilder für eigenes Handeln beim nächsten Mal, also auf Schlachtfeldern im folgenden Krieg.

Dann hat sie Bertolt Brecht jedoch belehrt mit einem 1939 im dänischen Exil geschriebenen Satz, der ihnen freilich verspätet erst vor Augen und zu Ohren kam. Im Drama vom »Leben des Galileo Galilei« lässt der Dichter den »Helden« seines Stückes auf die Bemerkung »Unglücklich das Land, das keine Helden hat« entgegnen: »Nein, unglücklich das Land, das Helden nötig hat.«

Deutschland brauchte jedenfalls in den Jahren der Nazidiktatur welche und die – Tote und Überlebende – hießen dann auch *Helden des antifaschistischen Widerstandes*.

Es dauerte bis in die Mitte des 20. Jahrhundert, dass in einem deutschen Staat, aus Schulbüchern und von Straßennamen die Helden des Ersten Weltkriegs verschwanden. Im ostdeutschen Staat wurde nach sowjetischem Vorbild die Auszeichnung »Held der Arbeit« gestiftet und vergeben, eine Entgegensetzung zu allen auf Kriegstaten zurückgehende Heldentitel längst vergangener Jahrhunderte.

Diese Arbeitshelden sind inzwischen mit dem Ende der Deutschen Demokratischen Republik wieder abgeschafft worden, was nicht bedeutet, dass die Deutschen ganz ohne Helden auskommen könnten. Das Fernsehen bietet eine Sendung mit dem Titel »Helden der Wissenschaft«.

Eine spendable Gesellschaft hat eine »Hall of Fame«, eine Ruhmeshalle also, gestiftet, die Bilder herausragender Sportler versammelt. Darob entstand ein Streit, wer dort hineingehört und wer nicht. Und dann können weder Theater auf den »jungen Helden« noch die Literaturwissenschaftler auf den »Titelhelden« verzichten.

Zurück zur Muse: Ob Clio überhaupt einen Helden hatte, den sie rühmte, ist ebenso wenig sicher überliefert wie wir Gewissheit davon besitzen, ob sie sich überhaupt Geschichte schreibend hervorgetan hat. Ungeachtet dieser ihrer ungeklärten Rolle: Sie wird auch als Schutzpatronin der Historiker bezeichnet, was weitere Fragen aufwirft: Bedürfen die mit der Vergangenheit Beschäftigten eines göttlichen Schutzes? Und: Von wem vor allem drohen ihnen Gefahren, vor denen sie zu bewahren wären? Darauf soll an späterem Ort zurückgekommen werden. Zunächst wollen wir uns nicht weiter mit dem Verhältnis der Göttertochter zur Geschichte befassen, sondern mit dem der Menschen zu ihrer Jahrtausende währenden Vergangenheit.

Geschichte ringsum

Ob die Menschen zu ihrer Geschichte sich in ein Verhältnis setzen wollen, steht nicht in ihrer Macht. Sie werden in eine Situation hineingeboren, die heute Gegenwart ist und morgen schon Geschichte sein wird, und das setzt sich ihr Leben lang so fort. Da gibt es kein Entrinnen. Der Mensch ist von Geschichte gleichsam umstellt. Schon die lebensnotwendigen Dinge seines Alltags besitzen sämtlich eine Geschichte. Der Funkwecker, der den Schläfer am Morgen aufschreckt, ist vor Jahren erdacht und gebaut worden, und er hat einen Vorläufer und dieser wieder einen anderen und so fort.

Am »Anfang« stand Peter Henleins Nürnberger Ei und also sind wir unversehens im frühen 16. Jahrhundert angekommen und vor diesem Anfang liegt ein anderer, denn die Zeitmessung ist noch viel älteren Ursprungs, wenn auch ihre Instrumente wechselten. Deren Geschichte führt über die Wasseruhren Ägyptens 6.000 Jahre zurück zu den Sonnenuhren, von denen Tontafeln der Sumerer berichten.

Und so steht es mit allen Sachen und Dingen, derer sich Menschen in ihrem Alltag bedienen. Wer sich morgens aus dem Haus und auf den Weg zur Schule oder an einen anderen Arbeitsplatz macht, passiert Straßen, deren Namen häufig auf Ereignisse oder Personen der Geschichte verweisen, geht an Gebäuden, Tafeln und Denkmälern vorbei, die Gleiches tun, betritt eine Lehranstalt, ein Institut oder einen Betrieb, mit deren Namen an eine verdienstvolle Persönlichkeit aus Wissenschaft, Technik oder Kunst erinnert wird. Doch wer würde an diesem oder einem anderen Morgen beim Schrillen der Weckuhr, dem Rauschen der Wasserleitung, dem Summen der Kaffeemaschine über deren Ursprünge nachdenken, wer sich an der Bismarckstraße oder dem Karl-Marx-Denk-

Clio, die Muse der Geschichte, als Kupferstich des Nürnberger Künstlers Virgil Solis (1562)

mal auf seine Kenntnisse über die Biografie oder die Verdienste der beiden hin prüfen? Dafür existieren weder Zwang noch Lockung. Doch kann die gleichgültige Gedankenlosigkeit in diesen Momenten des Tages zu anderer Zeit mit einem sich breit fächernden Interesse an der Geschichte wechseln. Dieses Verhalten findet sich mehr oder weniger ausgeprägt bei nahezu allen Menschen. Und selbst der langweiligste Geschichtsunterricht vermag die Neugierde nach dem Davor und Woher nicht zu töten. Sie richtet sich früher oder später auf das eigene Leben, das der Familie und auf nahe und fernere Vorfahren.

Woher komme ich? Spätestens wenn er oder sie einen Fragebogen für eine Bewerbung auszufüllen hat, wird jeder, gewandt oder unbeholfen, zum Geschichtsschreiber, auch wenn er das so selbst nicht wahrnehmen mag. Und wie der Historiker, dessen Gegenstand die Geschichte einer Person oder Partei, eines Vorkommnisses oder Ereignisses, einer Stadt oder Region, einer Nation oder gar der »Welt«, womit meist nicht mehr und nicht weniger als die Vergangenheit der Menschheit auf unserem Planeten gemeint wird, sehen er oder sie sich Fragen gegenüber: Was aus diesem meinem Leben weiß ich sicher, was ist mir verborgen? Was ist wichtig und erwähnenswert, was war völlig ohne Belang? Soll ich, was ich von mir weiß, nach bestem Wissen und Gewissen darstellen oder dies oder jenes beschönigen oder ganz unterschlagen? Geschichte schreiben heißt häufig, sich einer Versuchung aussetzen. Und das schon beim vis-à-vis mit einem Fragebogen, der irgendeiner Bewerbung beigelegt werden muss.

In der Mehrheit aller Fälle aber verbindet sich Interesse an der Familiengeschichte nicht mit der von Fremden geforderten Darstellung für deren Zwecke, sondern mit dem ganz eigenen Interesse an dem, was Selbstvergewisserung genannt wird. Dem einen mag sie beim Betrachten von Fotos der Vorfahren, beim Lesen von Briefen, beim Anschauen oder der Benutzung von Erbstücken nur oder vor allem Unterhaltung bieten, ihnen Blicke in eine fremde und doch irgendwie auch nahe Welt öffnen. Andere suchen mehr. Ist im Leben der Vorfahren nicht eine Anregung oder ein Anstoß zu finden, eine verwertbare Erfahrung oder eine nützliche Warnung, eine orientierende Haltung, das denkwürdige Streben nach einem Ideal, womöglich die verpflichtende Teilnahme an einem noch unausgefochtenen Kampf? Die Voraussetzungen, solchen Fragen nachzugehen und dabei Entdeckungen zu machen, sind von Natur und Umfang der Hinterlassenschaften abhängig.

Vieles wird meist nur mündlich überliefert, Kinder erinnern sich ihrer Eltern und berichten davon ihren Kindern. Dieser Erinnerungsweg verliert sich von Generation zu Generation zunehmend im Nebel. Vom Opa wird noch erzählt, schon der Uroma aber mangelt es meist an Konturen. Ausnahmen machten die Kreise der bürgerlichen oder feudalen Gesellschaft, die genügend Bildung besaßen und über hinreichend Zeit verfügten, sich durch Briefe zu verständigten, Tagebücher oder Chroniken schrieben oder gar verschiedene Papiere für ihre Nachkommen in einem Familienarchiv sammelten. Analphabeten konnten nichts Lesbares hinterlassen. Und unter denen, die im Laufe des 19. Jahrhunderts mit Einführung der Schulpflicht schreiben lernten, waren die meisten nach des Tages Handarbeit so abgekämpft oder zerschlagen, dass ihnen keine Idee kam, über sich und das Leben ihrer Familie Aufzeichnungen anzufertigen. Zudem dünkte ihnen das eigene Erleben zu unbedeutend, als dass sie es für wert hielten, festgehalten und überliefert zu werden. Von den alphabetisierten Deutschen haben viele Jahre nach dem Ende ihrer Schulzeit den ersten Brief unbeholfen geschrieben, als sie zur Wehrmacht eingezogen und in Kriege geschickt wurden – als Gruß – »Mir geht es gut und hoffe von Euch dasselbe« – oder als Lebenszeichen.

Neuerdings nehmen papierne Hinterlassenschaften ab und solche auf Festplatten von Computern zu. Das Interesse an der Geschichte der eigenen Familie, den Menschen, mit denen man jahrelang zur Schule ging oder Sport trieb, gelernt oder studiert hat, ist gewachsen. Ihm lässt sich nachgehen unter den Bedingungen gewachsener Freizeit und verlängerter Lebensdauer. Zudem ist das Leben von Millionen im 20. Jahrhundert ungleich bewegter, mitunter dramatisch verlaufen, verglichen mit dem der Vorfahren ein Jahrhundert zuvor. Und den Heranwachsenden im 21. Jahrhundert erscheint das Leben ihrer direkten Vorfahren wie das in einer nicht nur fremden, sondern auch fernen Welt. Eine Folge der strafweisen Aus- und Umsiedlung von Millionen Deutschen als Folge der Neubestimmung der Staatsgrenzen nach der Kriegsniederlage 1945 war das Anwachsen des Postverkehrs von Familien und Freunden. Da stehen in Kisten und Kästen auf Böden und Kellern Funde noch bevor.

Das Rad der Geschichte (»car of history«) mit Clio.
Eine Plastik von Carlo Franzoni aus dem Jahr 1819.
Sie befindet sich im Capitol zu Washington über der
Tür zur Rotunde, in welchem sich die Abgeordneten
des Repräsentantenhauses zwischen 1807 und 1857
versammelten. Die integrierte Uhr von Simon Willard
(1753-1848) symbolisiert das Verrinnen der Zeit

Solche Rückblicke in Familiengeschichten, die sich in der ersten Hälfte des verflossenen Jahrhunderts zutrugen, sind in Deutschland nicht durchweg vergnüglich. So oder so aber kann daraus doch ein Gewinn werden. Davon zeugen selbst und gerade Recherchen, die Kinder und inzwischen auch Enkel über das Leben von Vätern und Müttern und von Großeltern anstellten und die sie dann antrieben, dazu eigene Gedanken niederzuschreiben. Das konnte denen nicht leichtfallen, die wussten oder darauf stießen, dass sie es in der eigenen Familie mit Angehörigen jener politischen Verbrecherbande zu tun bekamen, die im »Reich« und über dessen Grenzen hinaus herrschte, eroberte, versklavte, vertrieb und mordete. Manche haben, was sie fanden und erschütterte, nicht nur für eigene Zwecke niedergeschrieben. Das tat ein Sohn des am Galgen hingerichteten Hans Frank, des Generalgouverneurs im faschistisch-okkupierten Polen. Der Titel seines Buches lautet »Der Vater. Eine Abrechnung« (zunächst erschien der Text als Serie in einer Zeitschrift unter der Überschrift »Der Vater. Ein Nazimörder«).

Die Geschichte der eigenen Familie kann für Menschen so etwas wie ein »Einstieg« werden, der Beginn weiterführenden Fragens und Nachdenkens, ist sie doch mit der des Ortes, der Region, des Landes und des Staatsganzen vielfach verbunden. Der Impuls, sich ihr zuzuwenden, wird nicht so selten von Geschichtslehrern gegeben. Manchmal erhielten ihn selbst Geschichtsstudenten erst, als sie während ihrer Ausbildung mit Tatsachen bekannt wurden, von denen sie annehmen mussten, dass sich deren Spur auch in den Biografien ihrer Eltern oder ferneren Vorfahren finden müsse. So wurden

Großeltern von studierenden Enkeln, die gehört oder gelesen hatten, dass in ihrer Stadt schon vor 1933 jeder Dritte die Nazis gewählt hatte, gefragt, für wen sie sich denn damals entschieden hatten.

Manche Unterhaltungen begannen oder endeten mit dem Bemerken, wer nicht dabei gewesen wäre, könne sich ein Urteil überhaupt nicht erlauben, und das sollte besagen, der solle am besten auch das Fragen unterlassen. Das mag im Einzelnen befolgt worden sein. Im Ganzen hat es in der Bundesrepublik Deutschland doch nicht funktioniert. Zwar vergingen nach dem Ende des Krieges mehr als zwei Jahrzehnte, bis zwischen den Generationen ein kritisches Gespräch über die »unbewältigte Vergangenheit« in Gang kam. Doch nachdem das geschehen war, unterlagen die Schlussstrichzieher wieder und wieder. Das geschieht ihnen, weil in einer Minderheit die Ansicht nicht totzukriegen war, dass eine von Rücksichten freie Beschäftigung mit der Geschichte, ihre Durcharbeitung, ein Begriff, der die Sache besser trifft als die modische und rätselhafte Wendung »Bewältigung«, einen Nutzen einzutragen vermag und – umgekehrt – die Verweigerung gegenüber dieser Anstrengung Nachteile zeitigen kann.

Von Kindesbeinen an

Es gibt für die meisten Menschen keine Zeit ihres Lebens, in der sie sich mehr mit Geschichte beschäftigen als in den Jahren, da sie ihrer Schulpflicht nachkommen. Hierzulande entkommt kein durchschnittlich erfolgreicher, das heißt bis zum Abschluss der 10. Klasse gelangender Schüler einem Geschichtsunterricht, der fünf bis sechs Jahre dauert. Auf dem Wege zum Abitur verlängert sich diese verordnete Hinwendung um zwei bis drei Jahre. Doch kann das Fach Geschichte dann auch »abgewählt« werden, es ist also nicht mehr obligatorisch.

Liegen auch die Zeiten, da Schulklassen im Deutschen Kaiserreich im Chor und in strammer Haltung die Daten des ersten, zweiten und dritten schlesischen Krieges aufzusagen hatten, ein Film der DEFA nach dem Roman »Abschied« von Johannes R. Becher hat eine dieser Szenen ins Bild gesetzt, inzwischen ein Jahrhundert zurück, so ist das Einprägen von Daten, insbesondere von Jahreszahlen, von Personennamen, Ereignissen und Prozessen, mit der Aneignung von Geschichtskenntnissen doch unweigerlich verbunden geblieben.

Das ist ein Grund dafür, dass Geschichte für einen Teil der Lernenden nicht eben zu ihren Lieblingsfächern zählt. Ein anderer mag aus Zweifeln am Nutzen dieses Tatsachenwissens über historische Ereignisse und Prozesse herrühren. Derlei Bedenken lassen sich nicht nur auf zeitgenössische Beobachtungen oder Erfahrungen stützen, sondern sind schon vor Beginn unserer Zeit-

16

rechnung von Denkern im »alten« Griechenland geäußert worden.

Und sie haben sich erhalten. Mahatma Ghandi wird mit dem Satz zitiert: »Die Geschichte lehrt die Menschen, dass die Geschichte die Menschen nichts lehrt«, eine Feststellung des großen Inders, die freilich für sich genommen nichts darüber sagt, ob dies nur sein bisheriger Befund sei, der veränderbar sein könnte, oder ob er das Lernen aus der Geschichte für prinzipiell unmöglich, also für eine Illusion hielt.

Diesem Skeptizismus steht aber die tägliche Erfahrung entgegen, dass Politiker beständig aufrufen, aus der Geschichte zu lernen, und noch häufiger beteuern, das selbst zu tun, so dass ihre Maßnahmen sich auf Lehren der Geschichte gründen oder sie im Einklang mit der Geschichte handeln würden. Momentan beziehen sich die einen zur Rechtfertigung ihrer Wirtschaftspolitik auf die Weltwirtschaftskrise an der Wende von den 20er zu den 30er Jahren des vergangenen Jahrhunderts. Andere erinnern an den Marshall-Plan der USA um zu beschreiben, wie allein Griechenland aus seinem extremen wirtschaftlichen Niedergang herausgeholfen werden könne.

Mal muss die Geschichte zur Rechtfertigung der eigenen Politik, ein andermal zur Warnung vor einem konkurrierenden politischen Vorschlag herhalten.

So oder so: Der Nutzen von Geschichtskenntnissen wird seit langem von staatswegen anerkannt. Anders gäbe es keine stichhaltige Begründung dafür an seinen Schulen Geschichtsunterricht zu erteilen. Dessen Attraktivität wird sodann zu einem Gutteil davon bestimmt, was Verfasser von Lehrplänen und Lehrer aus der Überfülle an geschichtlichen Ereignissen und Entwicklungen auswählen und wie sie es Schülern als wissenswert anbieten.

Die Auswahl des »Stoffes« trifft für die öffentlichen Schulen noch immer und überall der Staat. Dieses allgemein übliche Verfahren lässt es lächerlich erscheinen, einem beliebigen Staat vorzuwerfen, er würde seinen Bürgern Geschichte verordnen. Die Lehrpläne sind überall solche Verordnungen. Damit und mit der Beeinflussung allein der Heranwachsenden geben sich Staaten und Regierungen nicht zufrieden.

Die Praxis, das Denken der Bürger über die Geschichte zu lenken, setzt sich überall und zu niemandes Verwundern auf vielerlei Weise fort, beispielsweise mit der Bestimmung von Staatsfeiertagen, von denen manche für arbeitsfrei erklärt werden. Meist sind das die Tage der Staatsgründung. Im 1871 gegründeten Deutsche Kaiserreich war das der 18. Januar, da war im Schloss zu Versailles der preußische König zum Deutschen Kaiser ausgerufen worden. Und »Kaisers Geburtstag« – es war der Wilhelm I., der 27. Januar – setzte die Reihe der Staatsfeiertage fort.

Zu vergleichbar hohen Festtagen hat es die Weimarer Republik nicht gebracht. Deren Politiker konnten sich weder auf den 9. November, den Tag des Beginns der Revolution 1918, noch auf den Tag des Jahres 1919 einigen, an dem – es war der 31. Juli – die Staatsverfassung von der Nationalversammlung angenommen worden war. Dann wurden der 30. Januar, das Datum, an dem die Republik zur Strecke gebracht wurde, und der 9. November, der Tag, da die Faschisten in München 1923 geputscht hatten, zu Staatsfeiertagen erhoben. Heute gelten in Deutschland der 3. Oktober, der Tag des »Beitritts der neuen Bundesländer« zur BRD im Jahre 1990, und der 9. November – der Tag, an dem die Kontrolle des Personen- und Warenverkehrs an der Grenze zwischen der DDR und der Bundesrepublik endete, der sichere Vorbote des Untergangs des ostdeutschen Staates – als solche Feiertage von staatswegen. Vor und an solchen Tagen werden die Bürger durch die Presse und die anderen Medien mit Geschichtslektionen in Wort und Bild und Ton überschüttet. Anders als in Schulzeiten bleibt ihnen hier aber die Wahl, den Verordnungen zu folgen oder sich ihnen zu verweigern.

Geschichtsbewusstsein, darüber wird in anderem Zusammenhang ein Wort mehr zu sagen sein, wurde und wird ebenso durch die Errichtung von Denkmälern, Gedenkstätten und Museen aus Staats- und das heißt aus Steuergeldern erzeugt. Niemand wird gezwungen, sie zu besichtigen oder zu besuchen. Aber niemand kann ihnen auch entgehen. Dazu sind sie zu zahlreich, und viele von ihnen wurden in Stadtzentren oder an landschaftlich reizvollen Orten platziert. Kaiser Wilhelm I. ritt auf hohen Sockeln zu Pferde inmitten vieler deutscher Groß- und Mittelstädte umgeben von monumentalen Denkmal-Anlagen, die sein Enkel und häufiger noch regionale und lokale Regierungen und Körperschaften aufwändig errichten ließen – vor dem Schloss in Berlin und auf dem Kyffhäuser, am »Deutschen Eck«, dem Zusammenfluss von Rhein und Mosel in Koblenz, im badischen Karlsruhe, in Hamburg und in Hamburg-Altona, in Düsseldorf und Frankfurt am Main, an der Hohenzollernbrücke in

Köln und – dort jeweils ohne Pferd – auf der Porta Westfalica und in Wiesbaden.

Mit der Zahl dieser Denkmäler kann die der Bismarcktürme und -säulen konkurrieren. Deren Auftraggeber sahen sich teils in Konkurrenz mit der Unzahl der Kaiserdenkmäler und wünschten, den »Eisernen Kanzler« als Gründer des Reiches in Erinnerung zu halten, und zu sorgen, dass er nicht hinter Seiner Majestät, dem mit dem Bart, verschwände. Einst hätten davon 240 existiert, von Konstanz und dem Starnberger See bis nach Stettin und Königsberg erhoben sich die meist klotzigen Bauten. Ein deutscher Stadtbewohner musste keine Geschichtsbücher lesen oder konnte vergessen haben, was er in ihnen einst hatte lesen müssen, er wurde im öffentlichen Raum daran erinnert, welche Männer die Großen der Nation waren, zu denen er aufzublicken hatte, und an welchen Tagen und Orten sie Geschichte »gemacht« hatten.

Doch die intensivsten Anstrengungen, mit denen erwünschte geschichtliche Bilder und Vorstellungen unter das Volk gebracht, unerwünschte von ihm ferngehalten werden sollen, richteten sich doch auf die Heranwachsenden und waren folglich Sache von Schulen und Lehrern. Die Staaten mögen einander ablösen, doch sie alle verfechten, das eigene und offen bekundete Interesse, Untertanen oder Staatsdiener zu erziehen, wie einst offen erklärt wurde. Heute wird als das Ziel solcher Unterweisung die Heranbildung mündiger Bürger angegeben, die sich durch Verfassungstreue auszeichnen und über ihre grundgesetzlichen Pflichten hinaus den Forderungen unterwerfen, die der Staat, selbstredend, wie versichert wird, im Interesse aller erhebt.

Zu Zeiten, da Staaten sich grundlegend wandeln, ein Staatstyp also durch einen anderen ersetzt wird, Herrschende sich wenden oder weichen müssen, um anderen

Die Muse Clio zu Füßen des »Eisernen Kanzlers« auf dem Geschwister-Scholl-Platz zu Wuppertal

Platz zu machen, entsteht mitunter beim Blick auf die Geschichte, die nun veränderten Zwecken und Staatszielen dienen soll, ein Wirrwarr und eine in normalen Zeiten unübliches Neben- und Gegeneinander von Bildern und Deutungen. Solcher Zustand ist den Herrschenden unerwünscht und soll nicht dauern.

1933 erteilten die faschistischen Machthaber rasch Weisungen für einen nach ihren Interessen und Zielen ausgerichteten Geschichtsunterricht und setzten sie auch durch die Entlassung der kleinen Minderheit von Lehrern durch, die auch nur im Verdacht standen, Demokraten oder Sozialisten zu sein. Dabei profitierten sie davon, dass in der Republik nationalkonservative Geschichtsbilder gepflegt und keine tiefer lotende nationale Selbstkritik erfolgt war. Die sekundäre geistige Verwandtschaft der Regime äußerte sich u. a. darin, dass Lehrer der Geschichte sowohl im Kaiserreich wie in der Republik und dann, wenn sie nicht aus Altersgründen ausgeschieden waren, in der faschistischen Diktatur unterrichten konnten. Nur wenige sozialdemokratische Lehrer, dazu die als Juden ermittelten, mussten ihre Plätze räumen.

Erst die geschichtliche Wende des Jahres 1945 war von anderem Charakter, jedenfalls in der sowjetisch besetzten Zone. Ein erheblicher Teil des Lehrpersonals wurde auf Dauer oder zeitweilig aus dem Schuldienst entlassen. Die Lücken schlossen rasch ausgebildete meist junge Lehrer. Der Geschichtsunterricht wurde zunächst ganz abgeschafft, da es an Schulbüchern ebenso wie an Lehrern fehlte, die hinreichend gebildet waren, um mit Dogmen, Lügen und Legenden der Nazizeit aufräumen zu können. Dann wurde zunächst einzelnen Lehrern die Genehmigung erteilt, Geschichte zu unterrichten.

Ein Bild des Wirrwarrs bietet zurzeit auch in diesem Punkte das nachsowjetische Russland. Seine Geschichte bildet einen Gegenstand scharfer politischer Auseinandersetzungen, in deren Zentrum die Jahrzehnte stehen, in denen das Land aus spätfeudalen und kapitalistischen Zuständen revolutionär ausgebrochen war, die Herrschaft Stalins erlebte, den Zweiten Weltkrieg überstand, zum Sieg über Nazideutschland den militärischen Hauptbeitrag leistete und unter den Bedingungen des Kalten Krieges seinen Weg in eine sozialistische Gesellschaft zu nehmen schien.

Die Staatsführung in Moskau, in sich selbst jedoch uneins, sucht der öffentlichen, bis in die Schulen reichenden Konkurrenz von konträren Geschichtsdeutungen ein Ende zu machen und dafür Verbündete zu finden und zu mobilisieren.

Am 15. Mai 2009 berief Präsident Dimitri A. Medwedew eine Kommission, die »Verfälschungen der Geschichte zum Nachteil der Interessen Russlands« ermitteln und Vorschläge machen soll, wie deren Einfluss zurückgedrängt werden kann. Ihr gehören 28 Wissenschaftler, unter ihnen die Leiter herausragender Geschichtsinstitute an.

Schon die Formulierung ihres Auftrags liest sich grotesk. Sie lässt für den Gedanken Platz, dass es auch zulässige Fälschungen gibt, sofern sie den Interessen Russland zum Vorteil gereichen. Jedenfalls kann kein Zweifel aufkommen, dass es um die Durchsetzung einer Geschichtsbetrachtung im Staatsinteresse geht.

Wo das Interesse an zweckdienlichen Ergebnissen regiert, hat die Wahrheit noch immer verloren. Sodann fand, veranstaltet vom Russischen Institut für strategische Studien, im April 2010 eine internationale Konferenz statt, deren Thema lautete »Der Zweite Weltkrieg und der Große Vaterländische Krieg in Geschichtslehrbüchern der GUS und der EU – Probleme, Herangehen, Interpretationen«. Eine weitere Initiative richtet sich darauf, für Schulbücher, deren Zahl reduziert werden soll, einen Bildungsstandard vorzugeben.

In eingespielten bürgerlichen Demokratien würde in einem Unterrichtsministerium ein Lapsus, wie er im Auftrag an die russische Überprüfungskommission enthalten ist, nicht unterlaufen. Niemand würde laut Vorteil- und Nachteilsrechnungen ins Spiel bringen. Da ist es, wie gebetsmühlenartig beteuert wird, um Wahrheit, Demokratie und Pluralismus zu tun. In Deutschland existiert ein staatliches System, das, gestützt auf die Länderregierungen, vorgibt, was Geschichtsunterricht sein und zu welchen Kenntnissen und Erkenntnissen er die Schüler führen soll. Es bedarf gar keiner Betonung, dass dabei dessen Aufgabe auch darin besteht, dem Eindringen staatsschädigender oder staatsgefährdender Ansichten über die deutsche Vergangenheit entgegenzuwirken. Staatsbeamte entscheiden, welche Schulbücher aus dem konkurrierenden Angebot der Verlage dem Unterricht zugrunde gelegt werden dürfen, sie erteilen oder verweigern für ein Buch die Zulassung zum Schulgebrauch. Die Verleger sind samt ihrer Autoren auf diese Praxis eingerichtet. Inhalt, Methodik und Gestaltung sollen Plazet und Beifall der Kontrolleure finden. Sodann können

Geschichtslehrer aus Offerten, die diese Hürde passiert haben, auswählen, was sie dem Unterricht als Lesestoff zugrunde legen und mit »ihren« Schülern sich vornehmen wollen. Dieses Verfahren schließt die Mitwirkung der Öffentlichkeit nicht aus, doch müssten, um tatsäch-

Clio mit Trompete und Lorbeerkranz auf einem der berühmtesten Gemälde Jan Vermeer van Delfts. Das 1666 entstandene Bild »Der Maler in seinem Atelier« hängt im Kunsthistorischen Museum Wien

lichen Einfluss zu gewinnen, Abgeordnete und Fraktionen sich in den Landesparlamenten, z. B. in den Bildungsausschüssen, geltend machen. Davon ist wenig zu vernehmen.

Und die Lokalparlamentarier sind häufig mehr damit befasst, ein Minimum der materiellen Ausstattung der Schulen zu sichern, als sich um Unterrichtsinhalte zu kümmern. Auch interessiert sich nur ein verschwindender Teil der Eltern für die schulische Lektüre ihrer Kinder (oder der Großeltern im Falle der Enkel). Die meisten haben mit dem Nachwuchs ganz andere Sorgen oder sehen sich in der Sache als Inkompetente.

Initiativen, die sich auf die Orientierung des Geschichtsunterrichts an deutschen Schulen richten, gehen, wie das folgende Beispiel zeigt, von jenen politischen Kräften aus, die derzeit zwar nicht das Gespenst des Kommunismus, aber das der Kapitalismuskritik durch Deutschland geistern sehen. Sein Erscheinen bringt die Gedanken nolens volens auf die Geschichte der DDR, des Staates, in dem sich diese Kritik praktisch verkörperte. Er soll in einem Lichte, das Bild ist falsch: in einem abstoßenden gefahrdrohenden Dunkel erscheinen. Beim Blick in diesen Staat soll jeder Gedanke ersterben, der sich auf eine gesellschaftliche Existenz jenseits des Kapitalismus richtet. Dieses Interesse verbietet selbst die bloße Erwähnung von Tatsachen, die das gewünschte Bild ein wenig aufhellen könnten.

Dass die mecklenburgische SPD-Politikerin, die die ersten fünfzehn Jahre ihres Lebens im ostdeutschen Staat verbrachte und in steiler Karriere zur stellvertretenden SPD-Parteivorsitzenden aufstieg, der Jugendweihe etwas

Positives abzugewinnen vermochte, trug ihr augenblicklich den heftigen Vorwurf der Beschönigung der DDR ein.

Nicht anders erging es dem Ministerpräsidenten des nordostdeutschen Landes, der sich weigerte, die Geschichte der DDR auf den Begriff *Unrechtsstaat* zu reduzieren. Wer sich nicht an das vorgegebene Vokabular hält, wird öffentlich zur Ordnung gerufen.

So geschah es auch dem brandenburgischen Ministerpräsidenten, einem SPD-Mitglied, der obendrein in einer sogenannten rot-roten Koalition regiert, als er im Blick auf das vergrößerte und einige Deutschland vom »Anschluss« der DDR sprach.

Permanent fordern Appelle, das von der Gauck-Behörde und einigen neu gegründeten wissenschaftlichen Instituten geschaffene und verfochtene Horrorbild der DDR mit den Etiketten Unrechtsstaat, zweite deutsche Diktatur, kommunistische Herrschaft usw. zu verbreiten.

Darauf drang der ehemalige Bundeskanzler Helmut Kohl ebenso wie die gegenwärtige Regierungschefin Angela Merkel, der gewesene Bundespräsident Christian Wulff, der ehemalige brandenburgische Innenminister Jörg Schönbohm und der ebenfalls ehemalige Ministerpräsident von Sachsen-Anhalt Wolfgang Böhmer und die Vorsitzenden der Grünen Partei.

Das ist eine Auswahl, der, nur um die Bildbreite dieser Gesellschaft anzuzeigen, Wolf Biermann hinzugefügt werden soll.

Das Thema DDR-Geschichte beschäftigt naturgemäß mit Vorrang die Schulministerien in den neuen Bundesländern und betrifft in ihnen nicht nur die Schulen. Einige Politiker, zwei mecklenburg-vorpommerische wurden genannt, die der Sympathien für den Sozialismus in jeder denkbaren Vorstellung und Form unverdächtig sind, gelangten zu der Einsicht, dass die Verteufelung des ostdeutschen Staates und seiner 40-jährigen Geschichte und deren Reduzierung auf Schreckensbilder (Hohenschönhausen, Bautzen etc.) schlicht unglaubwürdig ist und daher für die Werbung von Sympathisanten und Wählern ungeeignet. Denn die Akzeptanz dieser Bilder scheitert nicht nur an Erinnerungen, die in Familien fortleben und zur Sprache kommen, sondern bei nachdenklicheren und im Wissen um historische Prozesse fortgeschrittenen Schülern an der einfachen Überlegung, dass es »so nicht gewesen sein kann«, weil im Europa des 20. Jahrhunderts kein Staat über Jahrzehnte existieren kann, ohne dass ein Teil seiner Bürger für ihn Partei ergreift.

So werden in Schulbuchtexten Tatsachen wie die Abwesenheit von Arbeitslosigkeit, der hohe Beschäftigungsgrad von Frauen, der eine sie ermöglichende Kinderbetreuung voraussetzt, und weitere ähnliche Fakten aus dem wirtschaftlichen, sozialen und kulturellen Alltag des ostdeutschen Staates erwähnt. Kaum eine dieser Mitteilungen, die nicht mit Abzügen versehen ist. So fehlt bei der Erwähnung der Berufsarbeit der Frauen nicht der Verweis auf die durch sie verursachte Doppelbelastung, während deren soziale und kulturelle Folge, die gewandelte Stellung der berufstätigen Frauen im Verhältnis zu den (nicht nur eigenen) Männern hingegen beschwiegen wird.

Die meisten wirtschaftlichen, sozialen, juristischen und bildungspolitischen Tatsachen, die von schlicht vernünftigen und vorbildlichen Maßnahmen zeugen, kommen im von »ärmlicher Einseitigkeit« dominierten DDR-Bild nicht vor.

Die Liste des Ausgelassenen ist lang. Auf ihr stehen – auch das ist eine Auswahl – die Durchsetzung des Prinzips »Gleicher Lohn für gleiche Arbeit«, die Beseitigung des Unrechts im Erbrecht unehelicher Kinder, das seit 1970 gewährte Grundstipendium für alle Studenten, die Rolle der Gemeindeschwestern auf dem Lande, die Verwertung der Altstoffe u. a. m. (*siehe: Matthias Krauß, Ein Steinbruch guter Ideen. In:* Neues Deutschland, *14./15. Mai 2011*)

Indessen: Ob die brutale oder die moderate Variante des Geschichtsbildes bevorzugt wird, es bleibt im Gesamturteil dabei, dass der ostdeutsche Staat wie der Faschismus ein totalitäres Regime gewesen sei und wie alle Diktaturen abzulehnen ist. Er gilt nicht als eine verfehlt konstruierte und daher gescheiterte Verwirklichung sozialistischer Gesellschaftsvorstellungen, sondern als deren notwendige und einzig mögliche. Basta.

Den antikommunistischen Scharfmachern, etwa denen im Forschungsverbund SED-Staat an der Freien Universität Berlin, genügt indessen das Erreichte bei weitem nicht. Die Behandlung des Themas DDR im Geschichtsunterricht in Berlin und Brandenburg sei skandalös, behauptet der Präsident des Deutschen Lehrerverbandes, der Dachorganisation der Verbände der Lehrer an Gymnasien, Realschulen, beruflichen Schulen und Wirtschaftsschulen. Dessen Urteil stützt sich auf Ergebnisse einer Schülerbefragung, die jener Verbund veranstaltet hat.

Ohne dass dafür ein einziger Beleg aus einem der in den beiden Ländern benutzten Schulbücher angegeben ist, wird behauptet, es werde die DDR als ein Paradies dargestellt und dies von Jahr zu Jahr schöner. In manchen (ungenannten) Schulbüchern SPD-regierter Länder, klagt der Oberstudiendirektor und Leiter eines Gymnasiums im bayerischen Vilsbiburg, werde die DDR »mit Glacehandschuhen« angefasst, ein Sprachbild, das etwas über seiner Art des Umgangs mit unwillkommener Geschichte aussagt.

Die Schuldigen an diesem Zustand hat er in krypto-kommunistischen Kreisen, der SPD und bis in die Reihen der Grünen ausgemacht. Seine Forderungen für eine Korrektur sind klar formuliert: mehr totaler Unrechtsstaat, mehr Todesmauer, mehr Besuche in Hohenschönhausen und im Geschichtsunterricht auch mehr Baltikum, Donauschwaben, Königsberg, Pommern.

Dazu passt seine Warnung vor einem Zuviel an Beschäftigung mit der Geschichte des »Nationalsozialismus«. Der Mann, der einmal schon auf dem Sprung auf den Sessel eines Bildungsministers war, besitzt eine klare Vorstellung davon, was Geschichtsunterricht in der Bundesrepublik zu leisten hat: Er hat Antikommunisten zu formieren.

Dass ein Pädagoge seines Typs an die Spitze eines demokratisch strukturierten Lehrerverbandes gelangen kann und mit dem Bundesverdienstkreuz dekoriert wurde, sagt mehr über den Staat als alle Beteuerungen über den in ihm angeblich herrschenden Pluralismus.

Unterhaltsame Abende

Ist die Schule verlassen, hat sich für die meisten Bürger
jede systematische Beschäftigung mit der Geschichte erledigt. Die Begegnungen mit ihr erfolgen in späteren
Jahren gelegentlich bei Abendunterhaltung, geliefert von
rund einem Dutzend Fernsehanstalten. Mit deren Aus-
sendungen, namentlich denen der staatlichen Sender,
verbindet sich häufig der Anspruch, unterhaltend aufzu-
klären. Worüber?

Noch immer drängen sich nicht Ereignisse wie der
300. Geburtstag des Preußenkönigs Friedrich II. in den
Vordergrund, vorzugsweise wird berichtet über die Geschichte jener »dunklen Jahre« oder jenes »dunkelsten
Kapitels« deutscher Geschichte – Umschreibungen, welche die Jahre der faschistischen Diktatur in Deutschland
bezeichnen. An der Spitze der Sendungen des öffent-
lich-rechtlichen Fernsehens, die, vorab breit propagiert,
Millionen von Zuschauern anzogen, stand 2004 der nahezu dreistündige Film der »Der Untergang«, in dem
Hitler, Goebbels, Himmler, Bormann, dazu Wehrmacht-
generale auftraten. Jedoch agierten sie nicht in der Phase,
da sie die Welteroberung planten und die Kriege in Gang
setzten, die sie dahin führen sollten, sondern in den letzten Tagen dieses »Dritten Reiches«, da sie sich in des
»Führers« Bunker unter der Reichskanzlei im Zentrum
Berlins verkrochen hatten und nur noch über einen er-
bärmlichen Rest ihrer einstigen Streitmacht geboten, mit
dem sie ihr fluchwürdiges Leben zu verlängern trachte-
ten. Dieser Film mochte Abscheu gegen Personen er-

zeugen, die übrigens im Volke Ansehen seit langem nicht genossen, über das Wesen dieser untergehenden Macht sagte er nichts.

2006 wurde an zwei Abenden der Fernsehfilm »Dresden« ausgestrahlt, dessen Handlung in die Geschichte der Zerstörung der Stadt durch die anglo-amerikanischen Luftbombardements im Februar 1945 führt. 2007 kam mit »Die Flucht« ein weiterer Drei-Stunden-Film in das Fernsehprogramm, der die Geschichte eines Trecks erzählt, der von Ostpreußen bis nach Bayern gelangt und von einer Frau Gräfin westwärts geführt wurde.

2008 lieferte das Fernsehen »Die Gustloff«, den Film vom Untergang des einstigen, nach dem durch ein Attentat zu Tode gekommenen Nazi-Landesleiter in der Schweiz benannten KdF-Dampfers, den ein sowjetisches Unterseeboot vor der Ostseeküste versenkte, als er sich unter militärischem Geleit, besetzt mit vor der herannahenden Front fliehenden Menschen, auf der Fahrt von Gotenhafen nach Schleswig-Holstein befand.

Was diese vier Filme gemeinsam haben, ist der Zeitraum, in dem sie handeln, sie schildern Episoden aus der Endphase des Krieges. Und drei von ihnen spielen im Osten, also vor der deutsch-sowjetischen Front. Diese Wahl bot Gelegenheit, die Leiden der Deutschen, ihre Opfer in den letzten Kriegsmonaten und -wochen in bewegende Bilder zu setzen, Menschen zu zeigen im Chaos des Schiffsuntergangs, im Hagel der Fliegerbomben, während der Erdkämpfe in Berlin und auf endlosen Wegen durch einen eisigen Winter ins Ungewisse.

Damit bedienten die Filme eine Tendenz, die sich auch in den Druckerzeugnissen dieser Jahre, in Zeitungen, Zeitschriften und Büchern, verfolgen ließ und die in die Worte gefasst wurde: Opfer ringsum.

Nun bestreitet niemand, dass namentlich im letzten Kriegsjahr die Deutschen zu Tausenden und Abertausenden umkamen. Allein an den Fronten im Westen und – mehr noch – im Osten verloren in diesem Jahr mehr deutsche Soldaten ihr Leben als in all den Jahren zuvor zusammengenommen. Wie viele Menschen mehr hätten das Kriegsende erlebt, hätte sich die deutsche Generalität wie ihre Vorgänger 1918 zur Kapitulation entschlossen, als die gegnerischen Truppen vor der Reichsgrenze standen, anstatt bis in die Straßen Berlins den sinnlosen Widerstand zu befehlen!

Wie viele Frauen, Kinder und alte Menschen, die im deutschen Hinterland lebten, das nun kein Hinterland mehr war, hätten überlebt, wäre es nicht in den letzten Kriegswochen noch zu den verheerenden Luftangriffen auf Dresden, Chemnitz, Pforzheim, Würzburg, Potsdam und andere deutsche Städte gekommen!

Nicht dass Filmgeschichten von Opfern erzählten, verdiente Kritik, sondern die Tatsache, dass sich die Filmemacher, Drehbuchautoren und Regisseure, darauf spezialisierten und beschränkten und keine Handlung zum Gegenstand eines Spielfilms machten, mit der gezeigt werden konnte, wie die Deutschen sich in diese Lage gebracht hatten. Denn bevor sie zu Opfer wurden und selbst noch in dieser letzten Kriegsphase funktionierten sie als Instrumente eines beispiellos verbrecherischen Regimes. Ohne diese ihre Rolle hätte der Krieg nicht fünfeinhalb Jahre dauern können. Sie hatten »durchgehalten«, nicht bis zum Endsieg, an den noch zu glauben einer immer größeren Zahl von ihnen schon 1943 schwer fiel, sondern bis in chaotische Zustände, die an jene Elendsbilder erinnerten und sie teils übertrafen, die Deutschland am Ende des Dreißigjährigen Krieges bot.

Die Filme wie die Literatur über die Schlussphase des Krieges auf deutschem Boden mochten Abscheu und Furcht vor Kriegen erzeugen. Sie vermochten die Mehrheit der Deutschen, inzwischen gebildet von Menschen, die so glücklich waren, keinen Tag Krieg durchlebt zu haben, zusätzlich vom Wert des Friedens zu überzeugen. Doch sie haben einzig die Konsequenzen und Folgen des Krieges ins Bild gesetzt, hingegen nichts über dessen Herkunft, seine Voraussetzungen, Bedingungen, Triebkräfte, Interessenten und Nutznießer erkennen lassen.

Nun kann die Handlung eines Spielfilms nicht leisten, was sich mit einem Lehrbuch der Geschichte an Erkenntnissen vermitteln lässt. Doch geht es nicht in erster Linie um die Tiefe, bis zu der geschichtliche Vorgänge durch unterschiedliche Medien ausgeleuchtet werden können. Kritikwürdig ist indessen die deutliche Abstinenz gegenüber Themen und Gegenständen aus der Vorgeschichte des Krieges und der Nazidiktatur. Geben die dramatische Stoffe nicht her? Wie stünde das um das Zustandekommen der frühen Beziehungen zwischen den Spitzen der Nazipartei und jenen Kreisen, die zur deutschen Wirtschaftselite gezählt werden? Gäbe Göring, der Hitler bei dem Bankier Emil Georg von Stauß einführt, keine Filmsequenz? Oder Hitlers Auftritt Anfang 1932 vor der Creme der Industriellen des Ruhrgebiets? Oder die Intrige – die Kennzeichnung stammt schon von Carl von Ossietzky –, die Adolf Hitler in die Wilhelmstraße brachte, in die Nähe jenes Ortes, an dem dann der Bunker gebaut wurde, in dem er endete. Eindrucksvoll ließe sich auch die Zusammenkunft ins Bild setzen, die Anfang Februar 1933, am fünften Tage der Kanzlerschaft des Naziführers, im Hause des Chefs der Heeresleitung der Reichswehr Kurt von Hammerstein-Equord stattfand. Vor den Spitzen der deutschen Militärelite entwickelte Hitler an jenem Februarabend das Programm der Eroberung Osteuropas, das acht Jahre später in Angriff genommen wurde. Und was an diesem Abend gesagt wurde, wusste Stalin im Moskauer Kreml einige Tage später. Welches Angebot an Personen und Episoden für ein Filmdrehbuch!

Wie viele Handlungen ließen sich allein um die Geschichte der Münchener Konferenz von 1938 denken?

Der Unterschied zwischen dem Gezeigten und dem Gemiedenen liegt zutage. Beides fordert in anderer Weise Parteinahme. Aber wer würde – die Herstellung des Films vom Untergang der »Wilhelm Gustloff« soll zehn Millionen Euro, »Der Untergang« 13,5 Millionen erfordert haben – derlei Streifen vorfinanzieren? Filme nicht über die Opfer, sondern über die Spitzengruppe der Täter.

Eine an Zahl kleinere Gruppe von Filmen, die ein großes Publikum erreichten, erzählt Episoden des Widerstands gegen das Naziregime.

2004 wurde im Fernsehen der deutsch-österreichische Film »Stauffenberg« gezeigt, der die Reihe der vorausgegangenen Verfilmungen der Ereignisse um den 20. Juli 1944 fortsetzte.

2005 kam »Sophie Scholl – Die letzten Tage« in deutsche Kinos, ein Film, der es bis zu einer Nominierung im Oscar-Wettbewerb brachte.

2004 sendete das Fernsehen in einer Reihe, die sich mit den missglückten Attentaten auf Hitler befasste, eine Dokumentation, die Georg Elsers Anschlag vom 9. November 1939 zum Gegenstand hatte.

Jeder dieser Streifen war auch ein Denkmal und denen es gesetzt wurde, die hatten es hochverdient. Doch wie die Kooperation der deutschen Eliten mit dem Hitler-Regime keinen Gegenstand von Filmhandlungen bietet, so tut das auch der Widerstand der Arbeiter nicht, die, darüber streiten Historiker heute nicht mehr, das Hauptkontingent an kämpfenden Nazigegnern stellten.

Die in Potsdam-Babelsberg produzierten »Die Mörder sind unter uns«, »Der Rat der Götter« »Nackt unter Wölfen« begründeten eine Tradition des antifaschistischen Films aus deren langer Reihe Filme wie »Sie nannten ihn Amigo«, »Fünf Patronenhülsen«, »Sterne«, »Der Fall Gleiwitz« und »Ich war neunzehn« herausragen.

Mit ihr wurde 1990 gebrochen.

Die Macht der Bilder

Die übergroße Mehrheit der Menschen hierzulande wie in allen anderen Ländern Europas nimmt ihre Vorstellungen von geschichtlichen Personen, Kräften, Vorkommnissen und Ereignissen mehr über Bilder denn über Worttexte auf und macht sich aus dabei gewonnenen Eindrücken eine Vorstellung davon, wer und was Entwicklungen ermöglichte, antrieb, sie zu einem glücklichen oder katastrophalen Ende führte. Bilder, konzentriert betrachtet oder wie meist nur im Vorübergehen bemerkt, haben die gedruckten oder gesprochenen Texte in die zweite Reihe verdrängt.

Aufgenommen werden sie in Tageszeitungen, in denen ihnen zunehmend und immer häufiger im Farbdruck mehr Platz eingeräumt wird, beim Konsum von Illustrierten, aus Büchern, darunter Bildbänden, die sich wachsender Beliebtheit zu erfreuen scheinen, über Filme, die das Fernsehen sendet oder die in Kinos gezeigt werden, beim Besuch von Museen und Ausstellungen, auch beim Betrachten von Plakaten. Und anders als die Wörter gelten fotografierte und gefilmte Bilder als authentisch. Der Autor kann lügen, das Foto nicht, wird gemeint, und das wiewohl jeder davon hörte oder las, dass sich auch mit ihrer Herstellung und Verbreitung Absichten und Interessen verbinden. Fiktionen und Fälschungen werden in betrügerischer Absicht verfertigt und das ermöglichen technische Neuerungen unaufwändig.

Frühere Praktiken, bei denen eine unliebsame Person aus einem Fotobild durch Retusche entfernt wurde, gehören inzwischen der handwerklichen Stufe der Bild-fälschungen an. An die Stelle solcher »Nachbesserun-gen« sind Verfahren getreten, die nun nicht Spezialisten der Anfertigung erfordern, sondern solche, die festzu-stellen vermögen, ob es sich so, wie dargestellt, wirklich ereignet hat.

Und dennoch: Wiewohl Bilderbearbeitung am häusli-chen Computer zu einem Hobby vieler geworden ist, wird Bildern weniger, jedenfalls ungleich weniger miss-traut als gedruckten Texten.

Doch bildet die direkt raffinierte Fälschung von ste-henden oder bewegten Bildern noch immer die Ausnah-me. Ungleich häufiger geschieht die Irreführung durch die Auswahl – d. h. immer auch die Aussonderung – der Bilder, die unter die Leute gebracht werden, und die Auswahl geschieht meist nicht zum Zwecke, Erkenntnis-se zu vermitteln, sondern um Emotionen hervorzurufen.

Die jüngsten Lektionen darüber vermittelten die Fern-sehbildberichte 2011 und 2012 aus Libyen und Syrien. Neuerdings interessieren die Fernseh-Redaktionen nicht einmal mehr die Quellen der Bildfolgen, die sie verbrei-ten. Wenn, was ihnen als Handy-Aufnahmen zugespielt wurde oder aus dem Internet gefischt worden ist, zusagt, wird es verbreitet, mit dem rückversichernden Kommen-tar, man wisse um deren Herkunft nicht.

Geht es um blutige Kämpfe in Asien oder Afrika oder wo immer, werden vorzugsweise die Toten und Verletz-ten der Seite gezeigt, auf welche die Sympathien der Zuschauer gerichtet werden sollen. Angaben über die Zahl der Getöteten, für die sich niemand verbürgen und die niemand nachprüfen kann, werden verbreitet, unter-

legt mit entsprechenden Bildern von Leichen und Be-
gräbnissen, wenn es sich um die Opfer der »Befreier«
handelt. Die aktuelle Berichterstattung über den Bürger-
krieg in Syrien liefert dafür momentan täglich Beweise.

Von dem unablässig anwachsenden Einfluss der Bilder auf das Geschichtsbewusstsein der Bundesbürger
zeugen die Ausstellungen, die historischen Themen gelten, und deren Besucherzahlen. Die Ausstellungsmacher
erfreuen sich geradezu einer Dauerkonjunktur. Die Ergebnisse ihrer wissenschaftlichen und künstlerischen Arbeit werden von renommierten Anstalten wie dem Berliner Deutschen Historischen Museum und in anderen
Häusern der Geschichte gezeigt, aber auch in Einrichtungen wie den Zentralen von Parteien und Gewerkschaften.

Als dieser Text geschrieben wird, ist in Dresden in den
Foyers der Semperoper und des Schauspielhauses die
Ausstellung »Verstummte Stimmen« zu besuchen. Ihr
Thema bildet die Geschichte der von den Faschisten vor-
genommenen Entlassungen von Künstlern aus den Thea-
tern der Stadt, Personen, die den neuen Machthabern
politisch verdächtig waren oder von denen behauptet
wurde, sie seien als Juden unfähig auf Bühnen »deutsche« Gedanken und Gefühle auszudrücken.

Der 50. Jahrestag der Eröffnung des Prozesses gegen
Adolf Eichmann vor dem Bezirksgericht in Jerusalem
gab der Topographie des Terrors in Berlin Anlass zu
einer Sonderausstellung, mit der an den Leiter des Juden-
referats im Reichssicherheitshauptamt und seine beispiellos verbrecherische Rolle erinnert wurde. Schon bei
der Eröffnung wurde angekündigt, dass in die Schau
noch der Glaskasten installiert werden würde, in dem

während der Gerichtsverhandlung Eichmann Platz zu nehmen hatte und der die Möglichkeit ausschloss, dass ein Besucher in einem Racheakt den Angeklagten attackierte und tötete.

Die Veranstalter waren erkennbar stolz, dass das Gerät zum ersten Mal von Israel für einen derartigen Zweck ausgeliehen wurde und versprachen sich davon offenkundig eine besondere Attraktion.

In Wahrheit wird dadurch eher jener Teil von Besuchern bedient, dessen Verhalten sich mit Glotzen statt Denken beschreiben lässt, der also eher etwas gesehen, als durchdacht haben will. Der Kasten lenkt, wenn überhaupt, eher auf zweit- und drittrangige Fragen ab, wie sich an einer Aufzählung erkennen lässt, die ein Journalist, der den Einfall begrüßte, drucken ließ: »Wer baute die Zelle? Hatten die Handwerker Eltern, Verwandte, Bekannte, die unter den Opfern Eichmanns waren? [...] Wie viele Blicke durchbohrten die Glaswände? Was dachten die Bewacher hinter Eichmann? Wer vollzog jeden Morgen die Mikrofonprobe? Wurde täglich ausgefegt? Was vollführten Eichmanns Finger auf der Holzplatte? Kippelte er mit dem Stuhl?«

Was für ein Stumpf- und Flachsinn!

Dabei gibt es zwei Fragen, denen Nachgeborene – sie stellen bei weitem den größten Anteil der Besucher – beim Verlassen der Ausstellung nachgehen sollten: Welche gesellschaftlichen und staatlichen Zustände ergaben einen Platz, der einen Menschen dieses Typs verlangte und den ein Eichmann besetzen konnte?

Und: Welche Zustände machten es möglich, dass ein Massenmörder nach dem Ende seiner Untaten 15 Jahre lang unbehelligt weiterleben konnte und nicht einmal verbergen musste, wes Geistes Kind er geblieben war?

Und dann ist da die Frage, die Hannah Arendt, die Prozessbeobachterin, sich und den Lesern ihres berühmten Berichts »Eichmann in Jerusalem« stellte: Ist eine Wiederholung eines Verbrechens von diesem Charakter und Ausmaß möglich? Sie hat sie bejaht.

Das Berliner Centrum Judaicum lädt – ebenfalls 2011 – zum Besuch seiner zeitweiligen Ausstellung »›Gute Geschäfte‹ – der Berliner Kunsthandel 1933-1945«, womit ein Einblick in den Raub und die einträgliche Verwertung jüdischen Kunstbesitzes gegeben und ein Blick auf deren Nutznießer eröffnet wird.

Im Dokumentationszentrum Prora auf Rügen wurde eine Ausstellung »Frankfurt – Auschwitz« eröffnet, entstanden auf Initiative des Fördervereins Roma e. V., deren Gegenstand die Verfolgung und Ermordung der Sinti und Roma bildet.

Im Deutschen Historischen Museum lässt sich die Ausstellung »Ordnung und Vernichtung – Die Polizei im NS-Staat« besichtigen. In der Zentrale des Deutschen Gewerkschaftsbundes in Berlin ist eine weitere unter dem Titel »Deutsche Gewerkschafter im KZ 1933-1945« zu sehen. Diese ist eine von vielen Wanderausstellungen, die Einrichtungen und Organisationen zum Verleih anbieten. Sie beanspruchen nach Ausmaß und Gestaltung keine größeren Räumlichkeiten. Derweil haben weitere Institutionen den Auftrag gegeben, ihre Geschichte in den Jahren von 1933 bis 1945 zu erforschen und darzustellen und sie auch in Bildern bekanntzumachen, so das Theater in Bayreuth.

Keine zweite Ausstellung hat jüngst soviel Aufsehen erregt und derart viele Besucher angezogen wie die vom Deutschen Historischen Museum veranstaltete »Hitler und die Deutschen. Volksgemeinschaft und Verbrechen«. Ihr Titel verriet bereits, wohin die gedankliche Reise der Besucher gelenkt werden sollte. Die erschienen nach der Eröffnung in Massen und nahmen vor dem Einlass lange Wartezeiten in Kauf. Ihnen war von der Reklame etwas Besonderes versprochen worden.

Es hatte zuvor in Deutschland keine Ausstellung gegeben, in deren Zentrum »der Führer« gerückt worden war. Verlegenheit konnte bei der Bildauswahl nicht entstehen. Hitler und die ihn umjubelnden Massen – das war ein Dauerthema der Nazipropaganda gewesen, schon vor dem 30. Januar 1933. Daraus hervorgegangene Bildquellen hatten sich in Archiven zumeist erhalten. Sie bezeugten vor allem die folgenden – hier nicht vollständig aufgezählten – Ereignisse: den Aufmarsch der Nazi-Formationen am Abend des Tages, da der »Führer« in das Regierungsviertel einzog, seinen Auftritt am 1. Mai 1933 auf dem Tempelhofer Feld, seine erste Rede in einem Großbetrieb, den Siemenswerken in Berlin, seinen alljährlichen Einzug in Nürnberg die Stadt der Reichsparteitage, dazu seine Allgegenwart bei Kundgebungen und Paraden, die deren Programm ausmachten, seine Einfahrten in deutsche Städte aus verschiedensten Anlässen, darunter den gemeinsamen mit dem italienischen Diktator Benito Mussolini bei dessen Deutschlandbesuch 1937, den Auftritt in Wien im März 1938 anlässlich des »Anschlusses« Österreichs, seine Rede im »befreiten« Danzig im September 1939 usw. Hitlers letzte Fahrt durch tobende Menschenmassen war die im Juli 1940, als er als Triumphator über den »Erbfeind« von der »Westfront« in die Reichshauptstadt einzog.

Der Rest waren dann Auftritte in Hallen und Sälen, so im Sportpalast in Berlin-Schöneberg vor einem Publikum fanatisierter Anhänger sowie in der Kroll-Oper im Berliner Tiergarten vor den Claqueuren, die den Großdeutschen Reichstag bildeten.

Wer sich aus diesem Quellenbestand bedient, und das hatten vor dieser Ausstellung die Redaktionen von Zeitschriften und Fernsehsendern reichlich schon getan, erfasst eine Seite der Wirklichkeit der faschistischen Diktaturen. In Deutschland wie auch in Italien, denn es gibt entsprechende Szenen mit dem »Duce« in Städten wie Rom und Mailand.

Beim Betrachten dieser Bilder und mehr noch der Filme mit dem Originalton fällt Nachgeborenen meist nur ein Begriff ein: Hysterie, jungen Leuten vielleicht eher das Wort: bekloppt. Vielfach löst die Konfrontation mit solchen Geschichtsquellen einfach nur Kopfschütteln aus. Es scheint sich da der Blick in eine zeitlich ferne, nicht mehr zu verstehende Welt zu bieten.

Wirklich?

Anderen mögen sich hingegen Vergleiche aufdrängen und Bilder aus unseren Tagen. Dazu Fragen. Gibt es zwischen den da abgebildeten Kleinkindern, die ihre Ärmchen zum Hitlergruß erheben, nachdem sie darauf dressiert worden sind, und dem Kind mit dem Sauggummi, vulgo: Schnuller mit der Aufschrift BVB (für den Fußballklub Borussia Dortmund) nicht eine gewisse Verwandtschaft, jedenfalls was den Zustand ihrer Eltern angeht? Gewiss nicht in dem Sinne, dass die einen wie die anderen Nazis wären. Aber beide, die Massen, die dem »Führer« wie den Sporthelden zujubelten, äußern ihre Sympathien für Sieger, Leuten, die gesiegt haben und von denen weitere Siege erwartet wurden. Selbst nicht sonderlich erfolgreich und ohne aktuelle Aussichten, sich irgendwie hervortun zu können, fühlen sie sich in dieser von ihnen gesuchten und hergestellten Nähe wohl. Sie glauben sich auf der richtigen Seite. Selbst haben sie zu dem Erfolg nichts beigetragen, ausgenommen, das sie ihn herbeigerufen oder herbeigebrüllt haben. Und nun, da er eintritt, betrachten sie ihn als den ihren.

Der Vergleich erscheint hergeholt, gewagt, gar verleumderisch? Nein. Er drängt sich nicht allein dadurch auf, dass diese in Begeisterungstaumel versetzte Masse Mensch in diesem Moment jeden klaren Gedanken verabschiedet hat. Er wird auch dadurch nahe gelegt, dass sich im einen wie im anderen Fall sicher voraussagen lässt, dass, bleibt der Sieg künftig aus, das Stimmungshoch in ein ebensolches Tief umschlagen, dass auf das »Hosianna« das »Kreuzige ihn« folgen wird. So geschehen in Deutschland anno 1945.

Wer wollte sich nach dem Ende des ruchlosen Regimes doch daran erinnern, dass in seiner Wohnung ein Hitlerbild an der Wand hing? Wer daran, je an einem Straßenrand dem »Führer« zugejubelt zu haben. Zu schweigen von jenen, die ihm zu seinem 50. Geburtstag auf Karten gute Wünsche schrieben oder ihm Wollsocken gestrickt hatten. Früh schlüpften die Deutschen in die Opferrolle oder zumindest in die der nur Dabeigewesenen, die »dagegen« nichts hatten machen, geschweige denn etwas hätten ausrichten können.

Die Ausstellung »Hitler und die Deutschen« rückte das Verhältnis von Führer und Gefolgschaft während der längsten Zeit des »Dritten Reiches« mit ihren Bildern in ein grelles Licht. Für Ausflüchte und Legenden ließ sie wenig Platz und ebenso für das Leugnen jeder Mitverantwortung für das verbrecherische Geschehen, die in vielen Fällen sich doch zur Mitschuld entwickelt und gesteigert hatte. Denn ohne die nahezu 38 Prozent Wähler, welche die Hitlerpartei Mitte 1932 rekrutieren konnte, wäre Hitler nie der »Führer« geworden, sondern hätte sein politisches Dasein wie anfänglich im Vereinszimmer einer Münchener Gaststätte gefristet. Ohne die Mehrheit, die dieses Regime im Vorkrieg begrüßte und sich weder durch die Hochrüstung, die ersten Akte aggressiver Außenpolitik, die Rassenideologie als Staatsdoktrin noch die Verfolgung der politischen Regimegegner und durch Konzentrationslager und Todesurteile in ihrer Zustimmung oder Hinnahme beirren ließ, hätte es nie jene Stabilität und Kraft gewinnen können, auf die gestützt der Krieg begonnen wurde.

Nur: Diese Massen hatten Hitler, Göring und Goebbels nicht an die Staatsspitze gebracht. Auch spielten sie und ihre Interessen bei der Ausrichtung der Politik auf Krieg und Eroberung keine irgendwie bestimmende Rolle. Doch sie waren nicht ohne eigenes Verschulden und Zutun die Betrogenen geworden, und die Machthaber hatten lange und erfolgreich sorgen können, dass sie dessen nicht gewahr wurden. Darüber gaben die Bilder der Ausstellung keine Auskunft. Sie offerierten Hitler als ein Produkt der Erwartungen und der Haltung der Volksmenge, die ihm die Möglichkeit gab, wie es in einem Begleittext heißt, »seinen Willen zum Krieg und zur Vernichtung durchsetzen« zu können. Keine Rede vom Wesen dieses Staates, für den die blumige Kennzeichnung »Ordnungs- und Konsensdiktatur« verwendet wurde. Keine Rede davon, dass es neben den Massen und über ihnen Führungsschichten, politische, wirtschaftliche und geistige gab, kein Wort darüber, dass diese Partei und dieses System in einer bürgerlichen Gesellschaft entstanden.

Es hätte sich über diese Ausstellung allenfalls zustimmend reden lassen, wenn sie mit der Ankündigung verbunden gewesen wäre, ihr eine weitere direkt folgen zu lassen oder besser vorauszuschicken, die »Hitler und die deutschen Eliten« heißen musste. Für sie wäre das Bildmaterial schwerer zu beschaffen gewesen, denn die Beziehungen beider – namentlich wenn es sich um solche zu den Wirtschaftsführern handelte, den Spitzenkräften des Kapitals – gehörten zu den bestgehüteten Geheimnissen der Partei- und späteren Staatsführer.

Als Industrielle und Großagrarier im November 1932 ihre Unterschriften unter die Eingabe zugunsten der Kanzlerschaft Hitlers, gerichtet an Paul von Hindenburg, setzten, bestellten sie *keine* Fotografen. Auf sie hatte auch Göring bei seinen Besuchen bei dem Bankier Emil von Stauß verzichtet. Und ebenso Hitler, als er sich am 4. Januar 1933 mit Franz von Papen in der Villa des Bankiers Kurt von Schröder traf.

Ganz bild- und dokumentenlos wären die Gestalter einer solchen Ausstellung dennoch nicht gewesen, so dass nicht Quellenmangel solchem Vorhaben im Wege gestanden hätte. Es ist etwas anderes, was seine Verwirklichung blockiert: das nach wie vor respektierte Gebot der Rücksicht auf die Führungsschichten der bürgerlichen Gesellschaft. Zu sagen, dass der Faschismus aus deren Schoß geboren wurde, gehört sich hierzulande nicht und setzt den Verfassungsschutz in Aktion. Auszusprechen, dass es meist nicht die familiären, aber jedenfalls die sozialen Vorfahren der heute Mächtigen waren, die Hitler früh favorisierten oder ihm bei der Stabilisierung der eben errichteten Herrschaft zeitig Rat, Beifall und Geld spendeten, heißt, sich linken »Extremisten« zugesellen.

Die erwähnte Ausstellung im Hauptsitz der Gewerkschaften nahe dem Berliner Hackeschen Markt hat die Scheinwerfer auf das »dunkle Kapitel« anders aufgestellt. Sie sind auf Verfolgte und Widerstandskämpfer gerichtet, Ermordete und Überlebende. Doch auch diese Schau verlässt der Betrachter, ohne dass ihm ein tiefenscharfer Blick auf die Partei und in das System ermöglicht wurde, gegen die diese Gewerkschafter am Beginn der 30er Jahre doch aufgetreten waren. Dass die Konfrontation von Gewerkschaften verschiedenen Typs mit der sich als sozialistisch ausgebenden Partei Hitlers in der Tatsache wurzelte, dass sie eine *Partei des Kapitals* war, die mit einer skrupellosen sozialen Demagogie Arbeiter und Angestellte erreichte, kommt auf den Tafeln ebenso wenig vor, wie der Versuch von Funktionären und Mitgliedern der Gewerkschaften eben das ihren Kollegen, Arbeitern und Angestellten, so sie es selbst nicht erkannt hatten, warnend klarzumachen. An dieser Aufklärung, wie weit sie immer gereicht haben mochte, waren der Allgemeine Gewerkschaftsbund (ADGB), die Rote Gewerkschafts-Opposition (RGO) und die christlichen Gewerkschaften beteiligt.

Und ebenso wenig wurde bei der Eröffnung der Ausstellung die historische Selbstkritik bis zu dem Punkte getrieben, an dem erwähnt werden musste, dass am Tage vor dem terroristischen Zugriff auf die Gewerkschaften und ihr Eigentum manche ihrer Mitglieder noch dem Aufruf ihrer Führer gefolgt waren, an der betrügerischen 1. Mai-Veranstaltung mit Hitler auf dem Tempelhofer Feld teilzunehmen.

Kurzum: Es gibt Anlässe genug, sich über die Bildergeschichte in historischen Ausstellungen kritisch Gedanken zu machen, zumindest aber ihnen mit so viel Skepsis zu begegnen, wie sie beim Lesen von Büchern angebracht ist, deren Autoren nicht durch Seriosität ausgewiesen sind. Damit aber steht es auch deshalb nicht zum Besten, weil schon im Geschichtsunterricht der Schulen weithin die Unterweisung im Umgang mit Quellen fehlt, das gilt für die schriftlichen, mehr noch aber für die von Laien am meisten benutzten, also die bildlichen.

Zu lernen wäre, welche Fragen an ein Bild zu stellen sind, das ein geschichtlich relevantes Geschehen festhält. Um das Nötige an einem Beispiel zu zeigen, noch einmal zurück zu den jubelnden Deutschen, die Hitler 1940 in Berlin empfingen, als Frankreich kapituliert hatte und in überraschend kurzem Feldzug erreicht war, was trotz Hunderttausender auf Schlachtfelder und in den Tod kommandierter Soldaten zwischen 1914 und 1918 nicht hatte erzwungen werden können. Was feierten die Menschen da? Nur den größten Feldherrn aller Zeiten? Sind sie da ganz Triumph? Von imperialistischen Sinnen, weil eines Geistes mit den Eroberern? Ist das die Vorfreude auf eigenen Gewinn oder auch nur Vorteil?

Es sind andere Quellen, die zulassen, die Szene zu entschlüsseln. Diese Freudenausbrüche drückten zu einem großen Teil die Erwartung aus, dass mit dem Sieg über Frankreich bereits der entscheidende Schritt zum ersehnten Kriegsende getan war. Es äußerte sich an diesem Tage die unbegründete Vorfreude auf den Wiedergewinn des Friedens, die baldige Rückkehr der Männer und damit eine Stimmung, gegen die von den Machthabern mit den Mitteln ihrer Propaganda alsbald vorgegangen wurde.

Ist die Wendung von den Bildern, die für sich sprechen, also irreführend? Nicht immer. Wer auf Fotos in die Gesichter von Moskauern blickt, die am 22. Juni 1941 auf Straßen stehen, hinauf zu den Lautsprechern blicken, aus denen die Nachricht vom begonnenen Krieg tönt, braucht weder einen Interpreten noch eine weitere Quelle. Er sieht Ungläubigkeit, Traurigkeit, Erstarrung und mag an das erst zwanzig Jahre später von Jewgeni Jewtuschenko gedichtete und von Eduard Kolmanowski vertonte Lied denken: »Meinst du, die Russen wollen Krieg?«.

Das Kreuz mit den Begriffen

Das mindere Ansehen, dass der Geschichtswissenschaft in manchen Kreisen der Gesellschaft gilt, stützt sich zu einem Teil auf Vergleiche mit den Naturwissenschaften. Die führen rasch zu Unterschieden in der Prägung und mehr noch im Umgang mit Begriffen, die der Verständigung auf dem jeweiligen Feld dienen.

Die Wissenschaften, deren Gegenstand die belebte oder unbelebte Natur bilden, besitzen einen von den Spezialisten als verbindlich anerkannten, historisch gewordenen Begriffsapparat, den sie intern und extern benutzen. Zudem bedienen sich Experten vielfach und weltweit des Lateinischen, so vor allem Mediziner, Biologen, Zoologen, Pharmakologen. Wollen oder müssen sie sich Laien mitteilen, gebrauchen sie denen geläufige oder von diesen jedenfalls entschlüsselbare Begriffe. Die Kommunikation funktioniert. Man muss *lupus* nicht kennen, es lässt sich Wolf sagen. Wer ein Veilchen pflanzt, dem muss es vom Gärtner nicht als *viola* angepriesen werden. Die Sprache bildet, angemessen eingesetzt, so keine Barriere zwischen Fachleuten und Laien und die entsteht auch nicht, wenn im Deutschen von Isegrimm, Meister Lampe oder Adebar die Rede ist, Begriffe also aus Fabeln oder Märchen entlehnt werden. In keinem Falle muss entschieden werden, ob mit dem Begriff sich die Kennzeichnung eines Wirklichen verbindet oder seine Verwendung auf einen geistigen Betrugsversuch zielt.

Wie anders in den Geschichtswissenschaften.

Sie prägt ihre Begriffe nicht selbst, meist sind sie aus historisch-politischen Entwicklungen und nicht selten auch aus nationalen sozialen Kämpfen hervorgegangen. Schon ihre Zeugung und Geburt verbinden sich mit Interessen von Personen oder Gruppen, die sich häufig auf geistige und andere Vorherrschaft oder Unterwerfung richten. Die Historikerzunft steht bei der Darstellung des Geschehens vor der Wahl, solche so entstandenen Begriffe aufzunehmen – oder sie zu meiden. Sie kann ihnen auch einen veränderten Inhalt beilegen, der zur ursprünglichen Verwendung und Absicht in Widerspruch steht.

Versuchen wir, die Sache zunächst an zwei Begriffen klarzumachen, die in den politischen Nachrichten derzeit nahezu täglich gebraucht werden und die jeder nicht flüchtige Ereignisse, sondern solche von einigem historischen Rang bezeichnen: Mauerbau und Siedlungsbau.

Das Wort *Mauer*, gemünzt auf ein Bauwerk, das Berlin teilte und deren Resten heute Denkmalwert beigemessen wird, besitzt abstoßenden Klang. Es war schon zu Zeiten der DDR aufgeladen mit Emotionen wie der schmerzenden Einschränkung der Bewegungsfreiheit von Menschen, die vor allem die Bewohner Berlins traf. Der *Fall der Mauer*, die Öffnung der Grenze am 9. November 1989, machte dem ein Ende. Erbaut, so der ihre Erwähnung heute meist begleitende Text, wurde sie in einer Zeit, die ein halbes Jahrhundert zurückliegt, von Machthabern, die sich über menschliche Interessen und Wünsche kalt hinwegsetzten. Ihre Bauherren verkörpern geradezu das Böse.

Tatsächlich sagen die Begriffe *Mauer* und *Mauerbau* nichts aus, womit sich ein geschichtliches Verständnis,

d. h. nicht auch Billigung, erschließen würde. Sie geben nicht den geringsten Hinweis auf ihre Funktion. Dabei wurde sie errichtet zur Durchsetzung strikter Kontrolle und Limitierung des Personen- und Warenverkehrs an einer Staatsgrenze, eingeführt in einer Hochphase des Kalten Krieges mit dem Ziel, das Überleben des schwächeren ostdeutschen Staates zu sichern.

Dies ist keine Rechtfertigung, sondern eine Erklärung eines geschichtlichen Faktums, das mit dem Begriff Mauerbau ebenso verstellt wird wie vordem mit dem von den Erbauern benutzten Begriff vom antifaschistischen Schutzwall. Der eine wie der andere Begriff haben in einer geschichtswissenschaftlichen Abhandlung nichts zu suchen, es sei denn zur Illustration von Methoden, mit den Mitteln der Sprache politische Handlungen zu rechtfertigen oder auch zu diffamieren.

Siedlungsbau: Das Wort weckt angenehme Bilder menschlicher Behausungen. In manchen deutschen Städten haben sich derlei Bauten aus den 20er Jahren des vergangenen Jahrhunderts erhalten, entstanden als Entgegensetzung zu den tristen im Kaiserreich errichteten Arbeiterquartieren, die sich mit der industriellen Revolution in Städten ausbreiteten. Gegenwärtig taucht der Begriff immer wieder in Nachrichten auf, die von der Politik Israels im Jordanland berichten.

Er gibt die verhüllende Vokabel für den Bau von Häusern auf einem Landstrich her, der Palästinensern geraubt worden ist und wider internationales Recht besetzt gehalten wird. In diesem Kontext erscheint schon die Forderung nach einem Siedlungsstopp als kühn, während sie doch zu lauten hätte: Rückzug aus dem okkupierten

Gebiet und Respektierung der Grenzen aus dem Jahre 1967.

Kurzum: Vielfach beginnt Irreführung mit der Verwendung von Begriffen, die Sachverhalte mehr vernebeln als zu ihrer Kennzeichnung führen oder sie nicht vollständig leisten, denn die Begriffe, auch die wohlgewählten, sind stets ärmer als die Wirklichkeit. Personen, die ihre Arbeit mit einem aufklärerischen Interesse verbinden, sehen sich folglich ständig der Herausforderung gegenüber, der Verwirrung entgegenzutreten, die mit der Benutzung und dann mit dem Fortleben vom Kampfbegriffen einhergeht und das um so mehr, als den Heranwachsenden in den Schulen – wie im Falle der Bilder – so auch im Fall der Begriffe eine den kritischen Verstand schärfende Unterweisung meist nicht angeboten wird.

An diesem Zustand ist die Zunft der Historiker nicht ganz schuldlos. Anders als die Ärzteschaft, die gegen Scharlatane und Kurpfuscher sich doch zur Wehr setzt, nehmen sie meist hin, dass ihrem aufklärerischen Bemühen durch Ideologen, Politiker und Publizisten verschiedene Barrieren errichtet werden. Nur wenn *intra muros*, also innerhalb der Zunft, Leute auftreten, die Verwirrung stiften, kann es und dann mitunter zu heftigen Konfrontationen kommen. So geschehen, als Daniel J. Goldhagen 1995 undifferenziert die Deutschen zu »Hitlers willigen Vollstreckern« erklärte.

In Nazideutschland war für die Untat des 9. November 1938, als Synagogen in Brand gesetzt, jüdische Männer in Konzentrationslager verschleppt, Einrichtungen und Waren von Einzelhandelsgeschäften zerstört und verschiedene weitere Untaten bis zu Vergewaltigungen verübt wurden, der Begriff *Reichskristallnacht* aufgekommen. Der erhielt sich eine Zeitlang auch noch, als das antisemitische, judenmörderische Regime schon Jahre liquidiert worden war. Heute ist er als nichtssagend verpönt. Begriffe wie *November-Pogrom* oder *Reichspogromnacht* haben ihn ersetzt. Sie stellen das verbrecherische Geschehen in eine Tradition, auf die in deutscher Geschichte stößt, wer bis in die Zeiten des Mittelalters zurückzudenken vermag. *Pogrom*: Dieser Begriff ruft negative Assoziationen hervor, lässt an Täter und Opfer, an Gewaltausbruch, Raub und Vertreibung denken. Und das soll er auch.

In anderen Fällen hat sich solche Entkleidung und Verabschiedung von verlogenen oder beschönigenden Begriffen als schwierig erwiesen, etwa im Hinblick auf den sogenannten Röhm-Putsch, auch Röhm-Revolte oder Röhm-Affäre genannt, womit jene Morde vom Frühsommer 1934 bezeichnet werden, von denen behauptet wurde, mit ihnen sei einem angeblich geplanten Staatsstreich von SA-Führern vorbeugend begegnet worden.

An die Stelle dieser Kennzeichnungen ließen sich, da das verwickelte Geschehen auf einen knappen Begriff nicht zu bringen war, nur Bilder setzen wie das von der *Nacht der langen Messer*, eine Kennzeichnung, die in der Geschichte für die verschiedenen Massaker verwendet worden ist, oder das der *deutschen Bartholomäusnacht*, womit eine Beziehung zum blutigen Gemetzel an den Hugenotten in Paris im Jahre 1572 hergestellt wird. Kurzum, historische Ereignisse und Prozesse auf einen angemessenen Begriff zu bringen, der möglichst einen Schlüssel zu ihrem Verständnis bietet, ist Sache der geschichtswissenschaftlichen Forschung, und die geht mit der Ablehnung und Bloßstellung von Wörtern einher, die der politischen Desorientierung und Verdummung dienen. Das wird, solange es Politik gibt, eine Sisyphusarbeit bleiben. Und da ist freilich vieles und nicht nur aus Gründen der Überlastung ungetan geblieben.

Zum Beispiel: Für die Kennzeichnung des Naziregimes werden in der deutschen Historiographie Begriffe wie *nationalsozialistische Diktatur, nationalsozialistische Herrschaft* (auch mit dem Kürzel: *NS-*) und ähnliche permanent gebraucht. Das waren zwar nicht die Bezeichnungen der Nazipropaganda, die Drittes oder Großdeutsches Reich lauteten. Doch greift diese Wortwahl in allen ihren Kombinationen auf den Etikettenschwindel zu, dessen sich die Führer und Ideologen mit dem Hakenkreuz vor und an der Macht zur Verschleierung ihrer wahren Rolle und Ziele bedienten, auf die Behauptung, sie wollten aus Deutschland ein Land des besonderen nationalen Sozialismus machen. Was sonst noch an Begrifflichkeit zur Charakteristik der deutschen gesellschaftlichen und staatlichen Zustände zwischen 1933 und 1945 geboten wird, bewegt sich zwischen hohl tönender Phrase oder blankem Gewäsch und reicht – wie erwähnt – von der *Ordnungs-* bis zur *Wohlfühl-* und *Konsensdiktatur*.

Dass Politiker und Publizisten in der Bundesrepublik das Wort *Nationalsozialismus* verwenden, geschieht nicht absichtslos. Auf diese Weise soll eine gedankliche Nähe zu marxistischen oder religiösen Sozialisten hergestellt und deren naturgemäße Diskreditierung zusätzlich verstärkt werden. Die Methode zählt zu den miesesten, die in politischen Kämpfen der Nachkriegsjahre in der Bundesrepublik eingesetzt wurde. Zu denen, die sich ihrer bedienten, gehörte auch der bayerische Ministerpräsident und CSU-Führer Franz Josef Strauß.

Die Infamie, eine Verwandtschaft zwischen Nationalsozialismus und »Kommunismus« zu konstruieren, besitzt indessen bis heute eine besondere Anziehungskraft. Sie äußerte sich auch in denunzierenden Vergleichen von Personen, wofür Helmut Kohl, als er Bundeskanzler war, mit dem Vergleich von Joseph Goebbels und Michail S. Gorbatschow ein Beispiel lieferte, bevor er sich dann mit dem Russen anfreundete, der dem »Kommunismus« abgeschworen hatte.

Heute wird solche verleumderische Nähe vor allem durch die verlogene Behauptung in Umlauf gebracht, die deutschen Linken seien in großen Teilen Antisemiten, wie es eben einst die Nationalsozialisten waren.

Wie aber lässt sich die Vorliebe für eine Tarnbezeichnung bei Autoren erklären, denen Sympathie für die Nazis nur angedichtet werden kann und die auch nicht in die Kategorie skrupelloser Antikommunisten gehören? Hat sich eine bessere begriffliche Kennzeichnung nicht finden lassen?

Die Weiterverwendung des Begriffs Nationalsozialismus geschieht in einer Konkurrenz zu einem seit dem Erscheinen der »Nationalsozialisten« in den frühen Jahren der Weimarer Republik gebräuchlichen. Die Gefolgsleute Hitlers wurden als die Brüder der Faschisten Benito Mussolinis ausgemacht und folglich bezeichnet wie diese. Die gleiche begriffliche Markierung erfuhren Politiker und Bewegungen ähnlichen Typs in weiteren europäischen Staaten, u. a. in Frankreich, Großbritannien.

Der Faschismus – Ideologie, politische Bewegung und, wo er erfolgreich war, Staat – wurde als eine internationale Erscheinung geortet. Was diese politische Neuerscheinung bei allen ihren nationalen Besonderheiten verband: ihre Feindschaft zu den Ideen der Aufklärung, ihre Hinwendung zu irrationalen, quasireligiösen Dogmen und ihre militante terroristische Frontstellung gegen Liberalismus, Demokratismus und Sozialismus.

Charakterisiert wurden die Faschisten zudem überall durch einen extremen und aggressiven Nationalismus und, so sie dafür Voraussetzungen besaßen, einen eben solchen Expansionsdrang, der sich im Verlangen nach Großdeutschland, dem Mittelmeer als dem *mare italiano* und einem größeren afrikanischen Kolonialreich nach dem Muster des antiken Rom, nach Großungarn und Großrumänien zu erkennen gab.

Die faschistischen Bewegungen, so vollkommen vorläufer- und traditionslos, antikapitalistisch und revolutionär sie sich aufführten, kamen aus dem Boden bürgerlicher Gesellschaften, die in Ost- und Südosteuropa noch einen starken spätfeudalen Beisatz aufwiesen. Wo sie, wie in Deutschland und Italien, später auch mit beider Hilfe in Spanien, siegten und ihre Führer an die Staatsruder gelangten, bewiesen sie, dass sie diesen Boden, der sie möglich machte und ernährte, nicht zu verlassen gedachten.

Im Widerspruch zu ihren Programmen und ihrer Propaganda änderten sie an der sozialökonomischen Grundstruktur der gesellschaftlichen Zustände nichts. Das erzeugte ihren Nachfolgern, die sich auch als Revolutionäre darstellen wollen, in eine gewisse Verlegenheit. Um ihr zu entgehen, sind sie auf die Erklärung verfallen, Europa habe den richtigen Faschismus wegen der Kürze seiner Lebensdauer nicht gesehen. Andere reden sich darauf hinaus, irgendwelche Personen hätten die ursprünglich hehre Idee des Nationalsozialismus preisgegeben. Als einen dieser »unverfälschten Nationalsozialisten« boten sie eine Zeitlang Rudolf Heß an. Nun stünden sie, seine Nachfolger, dafür.

Das Argument, mit dem der deutsche Faschismus unter dem Hakenkreuz aus seiner internationalen Gesellschaft seziert wird, heißt Holocaust. Der mörderische Antisemitismus als Dogma, Politik und Verbrechen wird als Hauptcharakteristikum der von Hitler geführten Partei und des 1933 errichteten Regimes angesehen. Da sich das vom italienischen Faschismus und ihm verwandte Parteien und Begegnungen nicht behaupten lässt, wird aus dieser Differenz hergeleitet, dass dem deutschen »Fall« ein anderer, eigener Name gegeben werden müsse, mit dem er begrifflich deutlich abgesondert wird. Wer für ihn den Begriff *Faschismus* dennoch benutzt, so die Fortsetzung der Argumentation, treffe eine falsche Zuordnung Hitlers und der Seinen zur vergleichsweise harmloseren, und ungleich weniger barbarischen Gruppe, eben jener der Faschisten in Süd- und Südosteuropa.

So erscheint die Weiterverwendung des Begriffs »Nationalsozialismus« in einer völlig neuen Funktion. Er ist nicht wie einst Etikettenschwindel, sondern – in Ermangelung eines anderen – sprachliches Vehikel, um das

Einzigartige an der deutschen Partei und Bewegung zu erfassen und herauszustellen. Diesem Interesse folgt freilich jede Faschismusforschung

Nun lässt sich aber fragen, ob die Prämisse stimmt und der Antisemitismus der Nazipartei und des Nazistaates, der so in keiner anderen faschistischen Bewegung anzutreffen ist, wirklich im Zentrum der Bestrebungen und Ziele stand, die von den Führern mit dem Hakenkreuz verfolgt wurden.

Anders gefragt: Bildete die Vernichtung der europäischen Juden die Achse und das strategische Ziel ihrer Politik? Wie steht es mit dem 1933 zunächst nur vor einem ausgesuchten Hörerkreis eingeräumten, öffentlich aber strikt abgeleugneten Plan, Deutschland den Rang einer weltbeherrschenden Macht zu verschaffen und dem 1939 mit eben diesem Ziel begonnenen kriegerischen Unternehmen? Haben die deutschen Faschisten Wien, Prag, Kopenhagen und Oslo besetzt, Warschau, Amsterdam, Brüssel, Paris, Belgrad und Athen erobert, ihre Armeen auf den Feldzug nach Moskau befohlen, *um die europäischen Juden zu ermorden*?

Oder waren diese Eroberungen nicht auf ein imperialistisches Herrschaftsprogramm gerichtet, in dem der Massenmord an den Juden und allen missliebigen und nach den eigenen Maßstäben unbrauchbaren Personen, wer sie auch seien, einen vorbestimmten Platz besaß?

Was ist gewonnen, wenn das Judenmorden, was inzwischen in einer Fülle wissenschaftlicher Abhandlungen geschieht, aus diesen Koordinaten herausgenommen und das Besondere zum Allgemeinen erhoben wird?

Auf dem Feld der Erkenntnis: nichts.

Hingegen besitzt die Verkürzung des Wesens der NSDAP und des Nazistaates auf den Antisemitismus auch ihre Profiteure. Auf diesem Wege wird beider Beziehung zur Geschichte der bürgerlichen deutschen Gesellschaft marginalisiert. Von Imperialismus, für dessen Ziele schon der Gefreite des Kaiserheeres kämpfte, wird nur noch als *Idee* und *Wahn* Hitlers gesprochen. Es war Hitlers Krieg! So auch nach dem Text im »Nürnberger Memorium«, der Ausstellung, die an den Prozess gegen die Hauptkriegsverbrecher 1945/46 erinnert, in dessen Verlauf gerade bewiesen wurde, dass der Krieg schon in den Stadien seiner Idee und Planung nicht das Werk des »Führers« allein gewesen war.

Die Entscheidung für Faschismus oder Nationalsozialismus ist nichts weniger denn ein bloßer Streit um Worte, der besser begraben würde. Es geht in ihm um den kompletten Blick auf zwölf Jahre deutscher Geschichte, mithin um einen Betrag, dessen Höhe die Fortdauer der Kontroversen sichert.

In diesen Zusammenhang gehört auch die vorzugsweise Benutzung des Begriffs *Vernichtungskrieg* für den Eroberungszug der deutschen Imperialisten, der sie zum Ural und Kaukasus führen und ihnen einen Weg in den vorderen Orient und nach Indien öffnen sollte. Die Zahl der umgekommenen Soldaten und Zivilisten, die Verwüstungen menschlicher Siedlungen und Landschaften, die zerstörten Werte, geschaffen durch die Arbeit von Generationen, rechtfertigen diese Kennzeichnung vollkommen. Mit ihr wird auch darauf verwiesen, dass als Ziel nicht nur der Sieg über Staaten und die Aneignung von Teilen ihres Territoriums angesehen wurde, sondern die totale Vernichtung des Gegners, seine Auslöschung von der politischen Landkarte. Das geschah im Vorkrieg mit Österreich und der Tschechoslowakei, dann mit Polen und Luxemburg und war auch den Niederlanden bestimmt. Diese Staaten, besetzt oder erobert, sollten nicht wieder erstehen.

Doch wurde der am 22. Juni 1941 von der deutschen Führung begonnene Krieg gegen die Sowjetunion nicht geführt, um einzig ein historisch beispielloses Vernichtungswerk zu vollbringen. Da wurde kein rassistischer Amoklauf angetreten, tobte sich nicht allein blinde Tötungs- und Zerstörungswut aus. Im sicheren Vorgefühl des Sieges sprachen Hitler und Goebbels unumwunden von den fruchtbaren, an Bodenschätzen reichen Weiten des Ostens, von Weizen und Öl. Mithin: Der Begriff Vernichtungskrieg enthüllt etwas: die historisch beispiellose Grausamkeit, mit der die Deutschen den Krieg auf dem Territorium der Sowjetunion führten, was, nicht zu vergessen, seine Vorgeschichte schon im Feldzug in Polen hatte. Aber zugleich, und erst dies weckte die ihm zugewandte Vorliebe und lässt sie dauern, erfüllt er die Funktion, etwas zu verhüllen: das imperialistische Wesen dieses Krieges, der in seinen Zielen Wiederaufnahme, Fortsetzung und Steigerung jenes Krieges war, den die deutschen Aspiranten auf die Welt(vor)herrschaft von 1914 bis 1918 geführt und verloren hatten.

Nun lässt sich das Problem, ob der Faschismus an der Macht ein imperialistisches Staatswesen war und seine Verbrechen an Juden, Slawen, Sinti, Roma und weiteren Menschengruppen im daraus hervorgewachsenen Programm begründet lagen, auf sehr einfache Weise entsorgen. Wie, zeigen Herausgeber und Autoren hierzulande gebräuchlicher Schulgeschichtsbücher.

Die einen exportieren den Begriff *Imperialismus* in Worterklärungen, Glossaren oder Minilexika in – aus der Sicht der Schüler – graue Vorzeit, da die Großeltern ihrer Großeltern lebten. Imperialismus ist, lernen Mittelschüler in Sachsen die »Bezeichnung für die Epoche zwischen 1890 und 1914, in der die europäischen Großmächte eine ausgedehnte Kolonialpolitik betrieben« (Diesterweg 2007 und 2008).

Ein anderer Band mit dem Titel »Das 20. Jahrhundert«, bestimmt zum Gebrauch in der Oberstufe, bemisst die Zeitspanne ein wenig größer und gibt zehn Jahre davor und vier Jahre danach hinzu. Da wird Imperialismus vor allem auf »die Zeit zwischen 1880 und 1918« eingegrenzt (Cornelsen 1999).

Damit ist Hitler aus jedem Verdacht genommen, in eine Reihe *imperialistischer* Politiker zu gehören. Er kann dazu nicht zählen, denn als er »Politiker« wurde, gehörte der Imperialismus schon der Vergangenheit an.

Andere Autoren, so die eines einschlägigen Buches für Oberschulen, kennen den Begriff nicht, er fehlt in der alphabetischen Auflistung zwischen *IM* und *Inflation* (Diesterweg 1996). Gleiches gilt für einen Band zur Geschichte des 20. Jahrhunderts (Westermann 2001).

Auch eine für den Einsatz in der Sekundarstufe I von Gymnasien bestimmte Abhandlung führt Imperialismus unter den »wichtigen Begriffen« nicht auf (C. C. Buchner 2002).

So geschult lässt sich jede Definition des zur Macht gelangten Faschismus, die seine Rolle als imperialistische Macht hervorhebt, von vornherein als verfehlt ablehnen. Auf irgendeine unerklärte Weise hat sich dieser Imperialismus, der einst die Politik europäischer Mächte prägte, verloren. Hitler kann als ein Welteroberer ganz anderer unvergleichlicher Art erscheinen, als Bösewicht *sui generis*, als Monstrum aus eigenem finsteren Antrieb, Ehrgeiz und Wahn.

Es gibt eine Methode, Menschen das Weltverständnis, insbesondere das ihrer Vergangenheit und Gegenwart unmöglich zu machen, die allen Betrugsversuchen, eingesetzt von Fall zu Fall, überlegen ist. Man unterlässt es, sie mit dem begrifflichen Vokabular bekannt oder gar vertraut zu machen, das für dieses Verständnis unerlässlich ist. Aus diesem Wissen hat ein bundesrepublikanischer Historiker, damals auch als Berater des Bundeskanzlers tätig, 1986 gefordert, sich um die Prägung der Begriffe zu sorgen. Wer das tue, gewänne die Zukunft. Die Praxis wird inzwischen vervollkommnet, durch das Verfahren, Begriffe zu diskreditieren und ganz aus dem Verkehr zu ziehen.

Streit ohne Ende?

Ansehen und Urteile über die Geschichtswissenschaft werden auch dadurch bestimmt, dass ihre Entwicklung von vielen Kontroversen begleitet wird. Manche haben sich über die Zunft hinaus im Gedächtnis erhalten, andere sind nahezu vollständig in Vergessenheit geraten. Zu den ersten gehört die erbittert geführte Auseinandersetzung um die 1995 zuerst in Hamburg gezeigte sogenannte Wehrmachtausstellung.

Zu den nur noch Spezialisten gegenwärtigen zählt der von dem Hamburger Historiker Fritz Fischer am Beginn der 60er Jahre des vorigen Jahrhunderts ausgelöste Streit, der nach ihm auch Fischer-Kontroverse genannt worden ist. Der Unterschied ist nicht nur durch die zeitliche Entfernung beider Ereignisse bedingt. Davon später.

Zunächst: Es gibt keine Wissenschaft, zu deren Geschichte nicht Auseinandersetzungen um Ergebnisse und Methoden ihrer Forschung gehören würden, mehr oder weniger intensiv, mehr oder weniger lange geführt und öffentliche Aufmerksamkeit in unterschiedlichem Grade hervorrufend. Das Dafür und Dawider besitzt seine hauptsächliche Ursache in der Kompliziertheit unserer natürlichen und gesellschaftlichen Umwelt, die sich ihre Geheimnisse nicht auf Anhieb entreißen lässt, in vielen Fakten ihrer Uneindeutigkeit.

Zudem ist, wie bekannt, irren menschlich.

Hinzukommt ein Drittes. Wo Menschen sind, da sind Eitelkeiten. Immer wieder treten Forscher, die es auf die Bühne zieht, nach Bedeutung und Bewunderung drängt, mit unausgegorenen Resultaten ihrer Arbeit hervor, lösen so Widerspruch aus, suchen darauf, den zu entkräften und so fort. Vor Zeiten wurden solche Kontroversen auf Fachkonferenzen, in wissenschaftlichen Zeitschriften und Streitschriften ausgetragen. Wie wäre Friedrich Engels' berühmter Anti-Dühring aufgenommen und verbreitet worden in Zeiten des Fernsehens und des Internets? Nur ist freilich fraglich, ob sich ein Sender gefunden haben würde, gerade dieses Werk zum Gegenstand eines Gesprächs oder – *horrible dictu* – einer jener Talkshow genannten Labersendungen zu machen, mit denen deutschen Fernsehzuschauern nahezu täglich Kompetenz, Geistestiefe und Pluralismus vorgetäuscht werden.

In der Geschichtswissenschaft kompliziert sich die Situation auf dem »Gefechtsfeld«, weil viele ihrer Resultate eine aktuelle politische Dimension besitzen oder in politischen Kämpfen verwertbar sind. Diese Tatsache erzeugt so etwas wie einen Rückstoß aus der Politik in die Wissenschaft. Politiker wünschen sich historische Argumente und Historiker sollen sie liefern. Und Politiker verwünschen Ergebnisse historischer Forscherarbeit, so sie gegen ihre Interessen stehen und versuchen, da sie meist über dazu geeignete Mittel gebieten, mindestens deren Bekanntwerden einzugrenzen oder Widerspruch aus der Zunft selbst herbeizurufen. Wer also auf einen solchen Streit in Sachen Geschichtswissenschaft stößt, hat die wissenschaftliche Substanz von politischen »Beimischungen« – das Wort ist rücksichtsvoll gewählt – oder, wie Physiker sagen würden, Dreckeffekten zu sondern.

Hierzulande ist ein Streit noch nicht vollends verebbt, der 2010 durch das Erscheinen eines Buches ausgelöst wurde, das eine internationale Historikerkommission unter dem Titel »Das Amt und die Vergangenheit: Deutsche Diplomaten im Dritten Reich und in der Bundesrepublik« herausgab. Schon seine Vorstellung war durch Reklame zum Ereignis erhoben worden. Hunderte Zuhörer fanden sich dazu in Berlin ein. Zu den Akteuren auf der Bühne gehörten mit den Herausgebern zwei Außenminister, ein amtierender und einer seiner Vorgänger. So wurde schon vorab der Eindruck erweckt, der Band präsentiere umwälzend Neues.

Diesem haltlosen Anspruch nicht entschieden entgegen getreten zu sein, kann vor allem den Verfassern zum Vorwurf gemacht werden. Indessen: Klappern gehört längst nicht mehr nur zum Handwerk, es gehört auch zur Wissenschaft. Wer ehrlich und bescheiden sagen würde, er habe vorhandenes Wissen ergänzt und vermehrt, existierende Urteile bestätigt oder bekräftigt, handelt verkaufswidrig und wird spätestens vom Verleger des Buches vom Boden seiner Disziplin auf den der Marktwirtschaft gestellt.

Welche Rolle das Auswärtige Amt in den Jahren der faschistischen Diktatur gespielt hatte, war zuerst nicht von Historikern, sondern von Juristen aufgedeckt worden und zwar während des – auch schon erwähnten – Nürnberger Prozesses gegen die Hauptkriegsverbrecher 1945/46. Da saßen die beiden Außenminister der Hitler-Regierung auf der Anklagebank: Konstantin Freiherr von Neurath (bis 1938) und sein Nachfolger Joachim von Ribbentrop. Dem einen sprachen die Richter eine

Haftstrafe von 15 Jahren aus, der andere endete am Galgen.

Dann befanden sich unter den 21 Angeklagten des vor einem US-amerikanischen Gerichtshof geführten sogenannten Wilhelmstraßen-Prozesses allein acht führende Mitarbeiter aus dem Auswärtigen Amt, an ihrer Spitze die beiden Staatssekretäre Ernst von Weizsäcker (bis 1943) und sein Nachfolger Gustav Adolph Steengracht von Moyland.

Bevor die Historiker-Kommission – der die Professoren Eckart Conze (Marburg), Norbert Frei (Jena), Peter Hayes (Evanston/Illinois) und Moshe Zimmermann (Hebräische Universität/Jerusalem) angehörten – ihren Auftrag 2005 erhielt, hatten sich Historiker in den USA und der Bundesrepublik mehrfach mit der Rolle dieses Ministeriums, insbesondere bei der Organisation des Judenmordens, befasst und biografische Abhandlungen zu einzelnen Mitarbeitern (Ribbentrop, Weizsäcker, Edmund Veesenmayer) publiziert. 1980 erschien in Chicago Gerhard L. Weinbergs, eines in Hannover geborenen jüdischen Deutschen, grundlegende Untersuchung zur deutschen Außenpolitik in den Jahren der faschistischen Herrschaft.

Was die Professoren nun mit ihrem Mitarbeiterstab in dreijähriger Arbeit geleistet haben, ist dies: Ihre Nachweise über die verbrecherische Rolle des Amtes, in Sonderheit wiederum bei der Verfolgung und Ermordung der europäischen Juden, waren so dicht, dass von der seit 1945 gepflegten Legende, das Amt sei wenig nazifiziert und so etwas wie ein nur leicht gebräuntes Refugium gewesen, auch kein Rest übrig gelassen wurde. Dieses Ergebnis betraf nicht nur das Geschichtsbild einer Behörde. Die in ihr arbeiteten, waren nach ihrer sozialen Herkunft Leute aus dem Adel und dem Großbürgertum und nach ihrer politischen stammten sie aus den verschiedenen Lagern und Gruppen der National-Konservativen. Die Charakterisierung des Platzes, den sie im Regime einnahmen, steht so auch gegen die permanenten Versuche, mit der Minderheit von Angehörigen deutscher Adelsfamilien, die an der Verschwörung des 20. Juli beteiligt war, der ganzen Kaste das Aussehen von Widerständlern und Hitlergegnern aufzuschminken.

Die Kritiker des Bandes bezichtigen dessen Urheber prompt vor allem des Mangels an Differenzierung und können doch nur schlecht verbergen, dass sie zu retten suchen, was nicht mehr zu retten ist. Wie in diesem Falle wird die berechtigte Forderung an die Historiker, zu unterscheiden – und nicht nach der Devise der Gegenreformation zu verfahren: Schlagt sie tot, der Herr wird die Seinigen schon erkennen – auch hier eingesetzt, um begründete Verallgemeinerungen als vorschnelle Pauschalisierungen in Zweifel zu setzen und zu entkräften.

Dabei befand sich die Tätigkeit des Außenministeriums unter dem Hakenkreuz von 1933 bis zu seinem Ende im Frühjahr 1945 gar nicht im Focus der weitläufigen Untersuchung der Kommission. Deren Hauptteil galt der Frage, was aus den Diplomaten des Nazireiches wurde, als sie ihre Uniformen auszogen, welche Rolle sie, zivilgewandt, sodann in der Außenpolitik der Bundesrepublik spielten und wie im Bonner Amt mit der ruchlosen Vergangenheit der Einrichtung (in vielen Fällen also mit den eigenen Biografien) umgegangen wurde.

68

Das Urteil lautet hier, es wurde selbstredend akademisch formuliert: vorwiegend schändlich.

Und dies bildet den zweiten Gegenstand des Protestes der Kritiker, die angesichts der Beweisfülle doch auch auf diesem Terrain einen verlorenen Posten zu behaupten suchen, aber einzig darauf hoffen können, dass sich Laien nicht mit den auf Hunderten von Buchseiten ausgebreiteten Tatsachen und Argumenten bekanntmachen werden, wohl aber ihre Entgegnungen lesen werden, die in Seiten von Zeitungen und Zeitschriften ausgebreitet wurden. Die Einsprüche folgen dem üblichen, vom Kern der Sache ablenkenden Muster: Da ist den Autoren ein Tatsachenfehler unterlaufen, dort ihnen ein Ereignis oder Verdienst einer Person entgangen, an dritter Stelle haben sie ungerechtfertigt eine verallgemeinernde Formulierung gewählt. Handwerkliche und im Einzelnen auch interpretatorische Fehler – darunter leicht vermeidbare – liefern Angriffspunkte,

Clio in der Sicht des französischen Malers Pierre Mignard von 1675. Das Bild hängt in Budapest. Hilfesuchend blickt sie nach oben, in den Himmel, als erwarte sie von dort Inspiration, um diese an die Historiker weiterzugeben

sind zu kritisieren, stellen aber weder Gesamtergebnis noch Verdienst in Frage.

Was sich 2010 an der Kontroverse um das Buch der internationalen Historikergruppe zeigte, erinnert teils bis in Einzelheiten an jenen ungleich erbitterter geführten Streit, der fünfzehn Jahre zurücklag. Den löste 1995 die zuerst in Hamburg gezeigte sogenannte »Wehrmachtausstellung« aus, die schon mit ihrem Titel »Vernichtungskrieg. Verbrechen der Wehrmacht 1941-1944« herausforderte. Auch sie traf auf eine im Bewusstsein vieler fest verankerte und zäh verteidigte Legende. Sie erzählte von der – im Unterschied zur schmutzigen und Verbrechen beladenen Waffen-SS – »sauberen« Wehrmacht.

Von ihr hatte sich die Historiographie längst verabschiedet. In vielen Veröffentlichungen, Dokumentationen und Darstellungen, war nachgewiesen worden, dass diese Streitmacht und ihre Angehörigen in Massen Kriegs- und Menschenrecht verletzt hatten und verbrecherisch tätig geworden waren. Doch die Reichweite aller dieser Publikationen – ein Gutteil stammte aus der Produktion des Militärgeschichtlichen Forschungsamtes der Bundeswehr, früher Freiburg, jetzt Potsdam, ein anderer von Militärhistorikern und Faschismusforschern der DDR – erwies sich als viel kürzer als angenommen und geglaubt.

Nun, da in einer Foto-Ausstellung, bestimmt zur Präsentation an zentralen Ausstellungsorten deutscher Städte, ergänzt durch Dokumente und unmissverständliche Kommentare, gezeigt und in begleitenden Veranstaltungen gesagt wurde, was in den okkupierten Ländern von Soldaten, »ganz gewöhnlichen Männern«, nicht von eigens geschulten und dressierten Bestien angerichtet worden war, begegnete dem ein Aufschrei. Er tönte selbst in deutschen Parlamenten, jenen der Orte und Länder, in denen die Bild- und Textdokumente präsentiert wurden, und auch im Bundestag. Die Ausstellung erfüllte eine Rolle, die der von Lackmuspapier ähnelte. An den Reaktionen ließ sich ablesen, wie es um die viel beschworene deutsche »Bewältigung der Vergangenheit« wirklich stand, wenn mehr als ein allgemeines Bekenntnis wider den »Nationalsozialismus« verlangt wurde und es um das Eingeständnis ging, welche Rolle Millionen Deutsche, Angehörige der Wehrmacht, eingenommen und was sie getan und verübt hatten.

Der Protestlärm ist längst verklungen, und hinter diese Ausstellung und ihre Aussagen führt kein Schritt zurück. Damals ging es, anders als beim Streit um die Rolle der Diplomaten, um das Gesamtbild der deutschen Gesellschaft, nicht nur um eine Gruppe ihrer Eliten. Dargestellt und bezeugt wurde das Verhalten von Menschen, die in ihrer Mehrheit zum Kleinbürgertum und zu den heute mit Vorzug sogenannten »Unterschichten« gehörten, bloßgestellt die Rolle des »gemeinen Mannes in Uniform«.

Anders als 2010 reichte der Streit damals nicht bis in die Historikerzunft. Als durch den Nachweis einer verfehlten Zuordnung einzelner Bilder versucht wurde, die Ausstellung als verfälschend abzutun, wurde dies durch eine Prüfung abgewendet, die eine zu diesem Zwecke berufene Historikerkommission vornahm. Ihr Fazit lautete: An der Grundaussage ist nicht zu rütteln. Nach notwendigen Korrekturen wanderte die Ausstellung weiter und über die Grenze bis nach Wien. Die Kritiker sahen sich komplett gescheitert.

Wie üblich war auch der Vorwurf erhoben worden, es mangele dem gebotenen Geschichtsbild an *Differenzierung*. Das traf nicht zu, denn es war unbestritten, dass sich deutsche Offiziere und Soldaten dem Morden verweigert hatten, manche auch dagegen Einspruch erhoben, jedoch ohne dass dies dem Fortgang der Verbrechen Einhalt geboten hätte und das Gesamtbild zu verändern vermochte.

Um die Frage, ob die deutsche Geschichte der »braunen Jahre« bis auf den Grund ausgeleuchtet oder partiell beschönigt werden solle, ging es auch im »Historikerstreit« von 1986/87. Er hat diesen Namen nicht nur verdient und behalten, weil damit seine Reichweite gekennzeichnet ist. Er wurde hauptsächlich in der Zunft ausgetragen, und es gab wohl keinen Experten, der sich an ihm nicht beteiligt hätte.

Ausgelöst wurde er durch einen Artikel, der in einer Zeitung erschien, die in den Oberschichten der Gesellschaft gelesen wird. Der Historiker Ernst Nolte, Professor an der Freien Universität (West-)Berlin hatte in dem ursprünglich für eine Rede bestimmten Text danach gefragt, wo der Weg nach Auschwitz begann, und darauf eine abenteuerliche Antwort gegeben. Er fand ihn in der Geschichte der Sowjetunion, in den frühen Kämpfen zwischen Revolution und Gegenrevolution und im Gulag und meinte beweisen zu können, die Mörderei – beschlossen, befohlen und durchgesetzt von den faschistischen Führern – habe ihre Wurzel in der Furcht vor den bolschewistischen Barbaren besessen, sei demnach doch irgendwie präventiv gewesen. Der rote Terror wäre denen Vorbild geworden, die den »Holocaust« verübten, der zu einer »asiatischen Tat« erklärt wurde.

Damit war der Ursprung des beispiellosen Verbrechens aus der deutschen Geschichte exportiert. Dieses Bild passte in die antikommunistische Staatsdoktrin der Bundesrepublik. Es besaß jedoch einen Nachteil: Es war abenteuerlich konstruiert und ließ an seiner Glaubwürdigkeit zu viele Zweifel zu. Den deutschen Weg zum Massenmorden an den europäischen Juden hatten deutsche und ausländische Historiker, wie groß man die Forschungslücken auch bemaß, zu eingehend untersucht, als das dieses Trugbild durchgehen konnte.

Darauf entgegnete zunächst jedoch nicht ein Historiker, sondern der Philosoph Jürgen Habermas, damals Professor an der Universität in Frankfurt a. M., mit einem Artikel, dessen Gegenstand die apologetischen Tendenzen in der deutschen Zeitgeschichtsschreibung bildete. Darin nahm sich der Autor mit Nolte zwei weitere deutsche Historiker vor, denen er anhand ihrer Publikationen vorhielt, sie verweigerten sich einem rücksichtslos kritischen Bild der deutschen Geschichte und suchten auf dem Weg historischer Vergleiche die Verbrechen des Naziregimes zu relativieren.

Der Historikerstreit, der in vielen deutschen Zeitungen (*FAZ, Die Zeit, Der Spiegel* u. a.) und Fachzeitschriften ausgetragen wurde, betraf inhaltliche, methodische und auch moralische Anforderungen an die deutsche Historiographie über den Faschismus. Politisch standen einander hier konservative, dort liberale und sozialdemokratische Historiker gegenüber.

Der Streit, ob die ungeheuren Verbrechen der Jahre 1941 bis 1945 ganz in die deutsche Geschichte gehörten, wies thematisch aber eine charakteristische Beschränkung auf. Fragen nach Täterschaft, Mittäterschaft, Tatbeteiligung der Deutschen wurden nicht aufgeworfen. Damit war das Interesse der Bevölkerung von vornherein – anders als 1995 – gedämpft. Auch die debattierte Frage, welches ehrliche deutsche Geschichtsbild den Schulterschluss mit den NATO-Verbündeten fördere, welches partiell verfälschte ihn behindere, vermochte kein massenhaftes Interesse zu wecken.

Die Kontroversen – 1986 der Historikerstreit, 1995 die »Wehrmachtausstellung« und 2010 die Rolle des Auswärtigen Amtes betreffend – hatten einen Gegenstand gemeinsam: die Verbrechen, die Deutsche im Zeichen des Hakenkreuzes begangen hatten. Immer wieder stellte sich die Frage nach den an ihnen Beteiligten und dem Anteil der Massengefolgschaft des Regimes und das insbesondere im Hinblick auf die Verfolgung und Vernichtung der europäischen Juden. Es gingen von diesen Auseinandersetzungen auch Forschungsimpulse aus. Ereignisse, in früheren Jahren von Gerichten, gestützt auf Dokumente und die Aussagen von Zeitzeugen rekonstruiert, wurden weiter untersucht, andere wiederentdeckt und in historischer Kleinarbeit rekonstruiert und beschrieben. Neue Gedenkorte an die Opfer entstanden. Die Fragen nach dem *Was*, dem Geschehenen, und dem *Wer*, die sowohl den Opfern wie den Täten gilt, erhielten vollständigere Antworten. Das allein ist angesichts der zunehmenden zeitlichen Entfernung eine schwierige Aufgabe und dennoch eine weniger komplizierte, als die

Suche nach Antworten auf die Frage nach dem *Warum* und *Wozu*.

Lange vor den drei beschrieben Auseinandersetzungen in der Bundesrepublik und jetzt ein halbes Jahrhundert zurückliegend hatte es in der Bundesrepublik eine Historiker-Debatte gegeben, die heute selbst unter Angehörigen jüngerer Wissenschaftlergenerationen vergessen zu sein scheint. Das sollte sie nicht, denn sie gehört in die Lehren bietende Traditionslinie der Verweigerungen der Wahrheit und betraf das Verständnis der deutschen Geschichte mindestens während der ganzen ersten Hälfte des 20. Jahrhunderts. Ihr Gegenstand, in einer volkstümlichen Wendung ausgedrückt, betraf das längst Eingemachte. Konserviert worden war in Geschichtsschreibung und Politik seit dem Jahre 1914 die These von der deutschen Unschuld am – inzwischen Ersten – Weltkrieg. Der war angeblich von den deutschen Führungsschichten im Kaiserreich nicht gewollt. Die wären wie die in anderen europäischen Staaten in diesen Krieg *hineingeschlittert*, der Resultat einer Anhäufung von Zufällen gewesen sei. In der Volksausgabe des Geschichtsbildes der Weimarer Republik hatten die Deutschen das Vaterland verteidigt.

Auch die deutsche Sozialdemokratie, die im August 1914 zur vaterländischen Einheitsfront aufgerufen hatte, rang sich in der Weimarer Republik nicht zu einer selbstkritischen Haltung durch. Davon profitierten am meisten die Nazis, die extremsten Agitatoren in der Dauerkampagne gegen das Versailler Diktat. Als sie an die Macht gelangt waren, feierten sie die Erfolge ihrer Außenpolitik als das Zerbrechen der »Ketten von Versailles« oder als Beseitigung der »Schande und Schmach von Versailles«.

Nun also, fünfzehn Jahre nach dem Ende des Zweiten Weltkriegs – die Zunft hatte sich ernsthaft noch gar nicht an die forschende Durcharbeitung von dessen Geschichte gemacht – trat ein Historiker, Professor an der Universität Hamburg, mit einem Buch hervor, dem er den Titel »Griff nach der Weltmacht« gab. Es erschien 1961. Sein Untertitel lautete: »Die Kriegszielpolitik des kaiserlichen Deutschland 1914-1918«. Sein Erscheinen löste die Fischer-Kontroverse aus.

Ihr Urheber wird in einer 1999, dem Sterbejahr Fritz Fischers, in London erschienenen Enzyklopädie der Historiker und der Geschichtsschreibung als der wichtigste Historiker des 20. Jahrhunderts bezeichnet. Diese Platzierung soll hier nicht erörtert werden. Wohl aber die Tatsache, dass das Verdienst des Mannes heute weitgehend in Vergessenheit gebracht ist. Und das mag an dem über sein Buch hinausreichenden Gegenstand liegen, denn er erörterte: die Frage nach den Kriegsursachen im Allgemeinen und dem deutschen Anteil an der Urheberschaft des Ersten Weltkrieges.

Darauf lässt sich ernsthaft nicht antworten, ohne dass von der Beschaffenheit der Gesellschaften und Staaten und den aus ihr hervorwachsenden Kriegsinteressen gehandelt wird. Fischers Kernthesen lauten: Es war »nicht zuletzt« Deutschland, das mit seiner Weltmachtpolitik die internationalen Spannungen und die Vorkriegskrise verursachte, daher trage es einen erheblichen Teil der historischen Verantwortung für den Ausbruch des allgemeinen Krieges. Das genügte den Konservativen, die damals die Mehrheit der Zunft stellten, zumal das Buch so etwas wie ein Bestseller wurde.

Was Fischers Forschungsergebnisse aber erst die Brisanz gab, war die Zurückweisung jener beschönigenden Version, die Weltmachtbestrebungen nur einigen Personen zuschrieb, denen dann unglücklicherweise der Gang der Dinge aus dem Ruder gelaufen sei, sondern dass er dieses Streben im Denken und Entscheiden »führender Köpfe der Wirtschaft, Politik und des Militärs« dokumentarisch nachwies.

In der Logik dieses Urteils erhob sich die Frage: Und wie war das im zweiten Fall, dem Krieg, der 1939 vom Deutschen Reich eröffnet und von dem noch immer weithin behauptet wurde, er gehe allein auf das Konto Hitlers und einiger weniger seiner Parteikomplizen?

Die Anfeindungen, denen sich Fischer ausgesetzt sah, reichten bis zu Schritten, die seine Auslandsauftritte, so in den USA, verhindern sollten. Doch war gegen die Tatsachen, die er ausbreitete und interpretierte, ein Kraut nicht gewachsen. Die These von Deutschlands Unschuld am Ersten Weltkrieg und das Unrecht, das ihm, dem Besiegten zugefügt worden sei, ist erledigt. Nur im Hinblick auf den Zweiten Weltkrieg hat sich das Dogma von Hitlers (Vernichtungs-)Krieg erhalten, ja es findet am Beginn des 21. Jahrhunderts wieder stärkere Verbreitung, wobei sich Hitler die Urheberschaft am Kriege neuerdings mit Josef Stalin teilen muss.

Welche politischen Interessen die Kontroversen der Historiker auch beeinflussten und verlängerten, am Ende hat jede – und das unabhängig von den Absichten der Urheber und Teilnehmer – der wissenschaftlichen

Forschung Anstöße geliefert. Der Versuch, die Ursachen für die Verbrechen des deutschen Faschismus zu exportieren und sie zu relativieren, ist ebenso gescheitert wie die Pflege der Legende von der »sauberen Wehrmacht« und die von den widerständigen Diplomaten. Diese Aussicht eröffnet sich indessen im gegenwärtigen Streit um deutsche Geschichte nicht, der inzwischen zwei Jahrzehnte dauert und an dem auch Historiker beteiligt sind, der aber nicht in ihrer Zunft entstand.

Da gibt es keinen Fritz Fischer, keinen Ernst Nolte, keinen Jan Philipp Reemtsma und sein Institut für Sozialforschung, in dem die Wehrmachtausstellung unter der fachlichen Betreuung von Hannes Heer entstand, und auch keine staatlich berufene hochkarätige Historikerkommission. Hier trat vom ersten Tage an die Politik selbst und direkt auf den Plan mit der Forderung, die DDR geschichtlich und politisch und moralisch zu delegitimieren.

Der Auftrag hatte mit politischem Interesse alles, mit Wahrheitsfindung nichts zu tun.

An ihm, formuliert vom Justizminister der Bundesrepublik, einem freien Demokraten, wird seitdem gearbeitet. Ein Streit, der die Gesellschaft erfasste, konnte darüber nicht entstehen, die Mehrheit der Deutschen, Bürger der Bundesrepublik, besaß ihr DDR-Bild aus Zeiten des Kalten Krieges und erhielt das nun schwärzer noch offeriert. Und die Minderheit der Ostdeutschen war mit anderen, vielfach existenziellen Fragen vollständig beschäftigt, als dass sie das offizielle Bild von Staat und Gesellschaft interessiert haben könnte.

Und in der Wissenschaft? Da waren und blieben die personellen und materiellen Ressourcen zu ungleich verteilt, als dass sich geistige Fronten hätten bilden konnten. Die der vorgegebenen Staatsdoktrin folgten, beherrschten die Bühne, das heißt die Presse, den Rundfunk, das Fernsehen. Wer widersprach, auf weiße Flecken im angebotenen DDR-Bild verwies, die Reduzierung der Geschichte des ostdeutschen Staates auf Schreckensbilder abwies, geriet in Verdacht und unter Anklage, die »stalinistische Diktatur«, den »SED-Staat«, den »Unrechtsstaat«, die »zweite deutsche Diktatur« beschönigen zu wollen.

Wem es heute nicht nur um mehr Glaubwürdigkeit geht, sondern um historische Gerechtigkeit gegenüber Generationen, die den Aufbruch in eine neue Gesellschaft gewagt haben und scheiterten, der agiert in einer Art Nebenkultur, sieht sich diffamiert und totgeschwiegen und in einer Rolle, die an die Bilder von Goliath und David erinnert.

Zudem existiert auch zwei Jahrzehnte nach dem Ende der DDR an der Klärung des Teils der jüngeren deutschen Vergangenheit, der sich zwischen 1949 und 1989 in Ostdeutschland zutrug, in der Bürgerschaft des einigen Vaterlandes teils kein, teils ein sehr eingeschränktes Interesse. Dies gilt selbst für die Mehrheit der Historiker, die nicht mit der Geschichte der zweiten Hälfte des 20. Jahrhunderts forschend befasst ist. Das muss so nicht bleiben. Jeder Wandel jedoch benötigt bestimmte Voraussetzungen.

Die Schutzpatronin

Von Clio ist in der Literatur auch als der Schutzpatronin der Historiker die Rede und diese Rolle lässt fragen; Braucht diese Spezies von Arbeitern derlei überhaupt? Wer unter Tage Kohle abbaut, als Bauarbeiter auf himmelhohen Gerüsten hantiert, wessen Arbeitsplatz sich in einem Kernkraftwerk befindet, für den versteht sich solches Schutzbedürfnis von selbst. Und wenn es angemessene betriebliche und eigene Vorsorge nicht machen, mag das Zutun einer solchen Patronin willkommen sein. Die Bergleute beispielsweise wissen oder glauben sich in der Obhut der Heiligen Barbara, die ihren Tag alle Jahre im Dezember hat, deren Schutz aber auch Militärs, vorzugsweise Artilleristen, gegen Schießunfälle in Anspruch nehmen. Mancherorts tun das auch Feuerwehrleute.

Wovor aber sind Historiker zu schützen, deren hauptsächliche Arbeitsplätze Schreibtische in Bibliotheken und Archiven bilden oder, wenn sie sich an lebende Zeitzeugen wenden, ein Treffen an gefahrlosem Ort frei wählen können?

Zunächst einmal, ähnlich den Angehörigen nahezu aller anderen Berufe vom Arzt bis zum Schornsteinfeger, bedarf es des Schutzes vor eigener Fahrlässigkeit, im Fall der Historiker z. B. vor Leichtgläubigkeit beim Umgang mit Dokumenten oder den Aussagen von Zeitzeugen, vor übermäßiger Beschleunigung der Arbeitsprozesse, was zur Nichtbeachtung von Quellen, zum Mangel an Misstrauen gegenüber der papiernen Hinterlassenschaft und am Ende zu Vereinfachungen oder anderen Verzeichnungen hoch komplizierter Zusammenhänge führen kann. Es erscheint fraglich, ob Clio für diese Fälle zuständig ist.

Die eigentliche Gefährdung der Historiker ergibt sich jedoch aus der schon mehrfach erwähnten Eigentümlichkeit ihrer Wissenschaft, deren Nähe zur Politik. Der Gegenstand ihrer Beschäftigung und deren Ergebnisse erregen seit Jahrtausenden die Aufmerksamkeit der Herrschenden, denn sie fanden in den Texten der Geschichtsschreiber manches für ihre Zwecke Verwertbares, sei es zur Erhöhung und Verklärung ihrer eigenen Person oder der ihres ganzen Geschlechts.

Folglich griffen sie nicht nur auf Brauchbares zu, was ihnen unter die Augen oder zu Ohren kam, und zunächst absichtslos entstanden sein mochte, sondern sie hielten sich auch Geschichtsschreiber, so ihre Dienerschaft vermehrend. Der Posten schuf für die Erwählten, ähnlich den Minnesängern bei Hofe, den unstreitig großen Vorteil angenehmer Arbeitsbedingungen und hinreichender materieller Versorgung, dazu willkommene Wertschätzung, vorausgesetzt, die Arbeitsergebnisse fanden den Beifall der Auftraggeber. In solcher Stellung beschäftigt zu sein, schuf das klare unverborgene Verhältnis eines Angestellten bei Hofe, der sich diesen oder jenen eigenen Gedanken machen mochte und dann abzuwägen hatte, ob und wem er ihn eröffnete.

Über diese Zustände sind wir hierzulande hinaus. So viele Bedienstete von Hausmeistern über Pressesprecher bis zu Flugkapitänen sich jede Bundesregierung in Deutschland jetzt und in Zukunft auch halten mag, ein Historiker, der den Auftrag hätte, ein Lob auf die am jeweils vorhergehenden Tage verrichteten selbstredend großen Taten des Regierungschefs und der Minister niederzuschreiben, ist auf den Gehaltslisten nicht zu finden.

Will sich die Staatsobrigkeit über einen Gegenstand oder ein Thema der Geschichte Aufklärung und Gewissheit verschaffen, aus eigenem Antrieb oder weil es dazu von der Bürgerschaft gedrängt wird, heuert sie heutzutage eine Expertenkommission an. Die arbeitet nach eigenem Gutdünken, und der Eindruck ihrer vollständigen Unabhängigkeit ist vermehrt, wenn sie – wie im erwähnten Fall der Expertengruppe, die sich mit deutscher Diplomatiegeschichte befasste – international zusammengesetzt wurde. Der ihr, dieser Gruppe, erteilte Auftrag war von der einfacheren Art, denn der Gegenstand qualmte nicht mehr. Zwar ließ sich da kein Ruhmesblatt der Frühgeschichte der Bundesrepublik aufgeschlagen, doch waren inzwischen andere verfügbar, sodass sich gleichsam Rechnungen und Gegenrechnungen anstellen und vorweisen ließen. Zudem: Kein Lebender musste bloßgestellt, keiner von seinem Posten entfernt werden. Es ging einzig um die Frage, wie mit den – das ist auch ein schön erfundenes sprachliches Bild – »gebrochenen Biografien« der Diplomaten umzugehen sei, die zuerst unter dem Hakenkreuz und dann dem Bundesadler gewirkt hatten. Zutage gefördert werden sollte die Wahrheit auf einem Felde, an dessen Zustand das Interesse in der Öffentlichkeit, wenn es je schwach existiert hatte, weithin längst erloschen war.

Ein wenig anders liegen die Dinge beim Auftrag einer anderen von der Regierung jüngst berufenen Kommission. Die soll sich mit der Frühgeschichte der Geheimdienste in der Bundesrepublik befassen.

Da steht es, was die unvermeidlich in Rede kommenden Akteure 65 Jahre nach dem Ende der Naziherrschaft

Clio in St. Petersburg, Kopie einer griechischen Plastik aus dem 3. oder 2. Jahrhundert v. u. Z.

betrifft, nicht anders als beim Auswärtigen Amt. Nur waren die in diese Dienste des neuen Staatswesens übernommenen Dienstränge der Wehrmacht, der SS und des Sicherheitsdienstes in das verbrecherische Regime noch in anderer Weise – um wieder eines jener bevorzugten Schleierworte zu gebrauchen – »verwickelt« oder »verstrickt« als die Diplomaten. Schon vor Inangriffnahme dieser Arbeit war verlautet, dass die Tätigkeit und die Methoden dieser Sondergruppe von Staatsdienern nicht nur in den Jahren 1933 bis 1945, sondern auch für die Jahre nach 1945 vollständig *nicht* offen gelegt werden würden. Dafür sprachen noch immer der Rücksichten viele, solche auf einzelne Personen wie auf Kollaborateure im Ausland. Hinzu kam die Befürchtung, dass, geriete das zu Erforschende vollends an die Öffentlichkeit, sich die in weiten Bevölkerungskreisen anzutreffende Ablehnung der Geheimdienste verstärken werde.

Während niemand beim Erscheinen des Buches »Das Amt« die Forderung befürchten musste, Diplomatie und Diplomaten abzuschaffen, lag das bei den Geheimdiensten anders, werden die doch seit langem vielfach als überflüssig angesehen.

Jedoch: So schlimm wird es nicht kommen.

Die Argumente zur Verteidigung der Dienste sind längst formuliert. Wer sonst schützt uns vor Osama bin Laden oder jetzt, da er tot, vor seinen Erben und Nachfolgern? Und damit bei dem Forschungsvorhaben nichts schiefgeht, wurde im Bundesnachrichtendienst zudem eine hausinterne Kommission für die Geschichte gebildet, die mit der berufenen unabhängigen Kommission kollegial zusammenarbeiten wird.

Wer als Historiker in eine solche Konstellation eintritt, braucht womöglich eine Schutzpatronin.

Kurzum, die Fachleute der Geschichtswissenschaft in solchen Regierungsdiensten sind – ähnlich der Stellung der das Vaterland verteidigenden Soldaten – »Historiker auf Zeit«, freilich ohne irgendeiner Befehlsgewalt unterworfen zu sein. Sie werden nicht zum Lobe der Regierung beschäftigt. Das war einmal. Wirklich? Genau genommen: Nicht ganz.

Ein erheblicher Teil dieser Zunft rekrutiert sich ohnehin aus Staatsbediensteten, nahezu vollständig gilt das für deren Elite. Die Geschichtsprofessoren an Universitäten und Hochschulen stehen hierzulande in einem Beamtenverhältnis. Gleiches gilt für viele Forscher an außeruniversitären Instituten. Sie werden hoch bezahlt und leben mit Pensionsanspruch. Das verpflichtet sie juristisch zu nicht mehr als jeden anderen Bürger des Landes, zur Respektierung der Verfassung und der Gesetze.

Wie steht es aber mit der moralischen Seite dieses Verhältnisses von Arbeitgeber und Arbeiternehmer? Von jedem Arbeiter am Band bei Daimler oder Opel wird erwartet, dass er nach Kräften Ansehen und, so schon vorhanden, den Ruhm der Fabrikmarke mehrt.

Wessen Ansehen und Ruhm können Geschichtsarbeiter häufen? Was kann ein so bestallter Historiker, sagen wir der Geschichte Mesopotamiens, leisten, dass seinem Arbeitgeber in Bundesdeutschland nutzen würde? Seine Arbeiten, trügen sie bedeutende Früchte, könnten Interesse und Beifall in Syrien, dem Irak oder dem Iran finden. Der deutsche Außenminister wäre in der Lage, bei seinem nächsten Staatsbesuch seinem Partner ein Werk zu überreichen, in dem die womöglich ruhmvolle Vergangenheit des geografisch fernen Staates dargestellt ist.

Überbewerten lassen sich derlei Dienste der Wissenschaft für die Politik indessen nicht. Doch bildet die Forschung, so fern sie von den Belangen der Gegenwart und des Tages liegen mag, nur ein Arbeitsfeld der Historiker an den hohen Lehranstalten. Gemeinsam sollen sie einen Nachwuchs für Museen, Gedenkstätten, Archive, Verlage, Medien und weitere Arbeitsplätze, vor allem für die in Schulen heranbilden, der staatstreu ist.

Anders liegen die Dinge, und das trifft für die Mehrheit der Spezialisten zu, wenn das Forschen und Lehren der *deutschen Geschichte* gilt und da wieder deren neueren und neuesten Zeiten, beispielsweise dem 20. Jahrhundert. Oder wenn es sich gar auf die wandernde Zeitgeschichte richtet, womit gewöhnlich jene zurückliegenden Jahrzehnte bezeichnet werden, an die sich Lebende noch zu erinnern vermögen, also total etwa 70 oder 80 Jahre.

Den Unterschied macht, dass sich der Forschende da nicht im Untergegangenen und Verblichenen, sondern – gab es da keine revolutionierenden Umbrüche – noch in jener Gesellschaft bewegt, die fortdauert, in der auch er selbst lebt und arbeitet. Sie mag eine andere Phase ihrer Entwicklung erreicht haben als es jene war, die den Gegenstand seines Forschens ausmacht. Auch mögen die handelnden Personen, von denen er berichtet und über die er urteilt, alle tot sein, so dass Schädigung ihres Ansehen oder Rufs sie nicht mehr persönlich treffen kann. Doch die sozialen Klassen, Schichten und Gruppen, vielfach auch die politischen Parteien existieren fort und mit ihnen Interessen von Nachfahren und Nachfolgern.

Historische Kritik wird als Folge solcher Zusammenhänge unvermeidlich auch immer zu einer Kritik des Gegenwärtigen.

Wer davon überzeugt ist, dass die bürgerliche Gesellschaft in ihrer gegenwärtigen Existenzform, die beste aller möglichen Verfassungen darstellt, und sie daher auch in ihren Perspektiven in hellem Licht erscheinen lassen will, ist nicht daran interessiert, auf Tatsachen und Erfahrungen ungeschönt zurückzublicken, in denen sich Ausprägungen eben dieser Gesellschaft zeigten, die schaudern lassen und warnen. Nichts belastet in der deutschen und europäischen Geschichte das Bild der bürgerlichen Gesellschaft ärger als zwei Weltkriege und die Herrschaft des Faschismus in Deutschland. Die Ausflucht, es habe sich dabei um zufällige Entwicklungen und Erscheinungen gehandelt, welche nach 1945 in Mode kam, ist im Abfallkorb für Geschichtslegenden. Aber das Interesse – im Gegensatz zu der berühmten Forderung Horkheimers –, vom Kapitalismus gerade dann *nicht* zu reden, wenn vom Faschismus gehandelt wird, ist unerloschen.

Historiker, die Ergebnisse ihrer Arbeit ohne Rücksichten auf aktuelle Interessen von Personen, sozialen Gruppen und Staaten publizieren, sie bildeten noch stets eine Minderheit, bekommen es – wie am Beispiel Fritz Fischers gezeigt – mit Weißwäschern zu tun. Deren verpönte Rolle wird derzeit in Deutschland jener Minderheit von Forschern angedichtet, die ohne politische Absicht und Auftrag Fragen zu beantworten suchen, welche die Geschichte der DDR hinterlassen hat. Wenn sie einer Devise folgen, die sich auch aus ihren eigenen Lebenserfahrungen herleitet, dann lautet sie: weder Lobgesang noch Fluch.

Was diese Wenigen ermutigen mag, ihre Arbeit fortzusetzen, mögen die Generationen ostdeutscher einstiger DDR-Bürger sein, die es gründlich satt haben, sich fortgesetzt sagen zu lassen, wie sie gelebt und was sie angerichtet haben. Die Lügenflut, der sie sich ausgesetzt sehen, fordert sie geradezu heraus.

Ungleich weiter verbreitet und mächtiger als alle ihre begründeten Einsprüche ist hingegen das Interesse, den ostdeutschen Staat, der für einen letztlich gescheiterten Ausbruch aus der bürgerlich-kapitalistischen Gesellschaft steht, als einzigen geschichtlichen Irr- und Abweg darzustellen, auf dem Millionen Deutsche Jahrzehnte lang gehindert wurden, Demokratie, Freiheit und Wohlstand zu schaffen und zu genießen.

Zur Vervollständigung und Verbreitung dieses Bildes werden von staatswegen erhebliche personelle Kräfte und finanzielle Mittel eingesetzt. Museen und Gedenkplätze werden eingerichtet und weitere gefordert. Damit ist seit 1992 beispielsweise an der staatlichen Freien Universität Berlin ein Forschungsverbund SED-Staat befasst. Die Zentrale, die das von dieser Gruppe vorzugsweise benutzte Archivgut bereitstellt, ist die Behörde des Bundesbeauftragten für die Unterlagen des Staatssicherheitsdienstes, die zuerst von einem Pfarrer, dann von einer Katechetin geleitet wurde, und an deren Spitze nun ein Journalist berufen wurde. Welche Rolle sich die Einrichtung anmaßt, wurde dadurch sinnbildlich gemacht, dass ihr jetziger Leiter im Deutschen Historischen Museum in sein Amt eingeführt wurde.

Trotz dieses personellen und materiellen Aufwandes sind die »Bewältiger« der DDR-Geschichte mit den erzielten Resultaten hochunzufrieden, namentlich mit der

Clio und Terpsichore, die Muse des Tanzes, als Nippes, angeboten von einem Schweizer Innenausstatter

Ausrichtung des Unterrichts in den Schulen der neuen Bundesländer. Lehrer, die bereits in der DDR unterrichteten oder an ihren Universitäten ausgebildet wurden, werden verdächtigt, sich dem kritischen Blick in die Vergangenheit und womöglich in die eigene Biografie zu verweigern. Wandel schaffen soll in Brandenburg eine »Landesbeauftragte zur Aufarbeitung der Folgen der kommunistischen Diktatur«, die für diese Arbeit durch ein abgebrochenes Geschichtsstudium ausgewiesen ist. Seit 1998 existiert zudem eine »Bundesstiftung zur Aufarbeitung der SED-Diktatur«, der alljährlich Mittel aus dem Staatshaushalt zufließen und dessen Vorstandsvorsitz Ex-Pfarrer Rainer Eppelmann innehat.

Die Geschichtsdoktrin, deren Verbreitung gewünscht wird, reduziert sich auf wenige Vokabeln, die jüngst die Art zeigte, in der des 50. Jahrestages des »Mauerbaus« gedacht wurde, ein Ersatzwort für die 1961 geschaffene lückenlose Kontrolle des Personen- und Warenverkehrs über die Grenzen der DDR. Der Vorgang scheint keine Vorgeschichte zu besitzen außer den geheimen Planungen in Moskau und Berlin. Dass der ökonomisch und demografisch weit stärkere deutsche Weststaat gegen den ostdeutschen einen teils erklärten (ideologischen), teils unerklärten (Wirtschafts-)Krieg führte, dass das Bedauern über das bescheidene Leben der Brüder und Schwestern geheuchelt war, denn es ging mit einer ganzen Skala von weststaatlichen Maßnahmen einher, die den wirtschaftlichen Fortschritt in der DDR bremsen oder verhindern sollten, kommt in dieser Geschichtsbetrachtung nicht vor, deren Fundamentsteine *Mauerbau, Schießbefehl, Mauertote, Todesstreifen, Todesschüsse, IM, MfS,*

Hohenschönhausen, Torgau und *Bautzen* bilden. Als Hauptschuldiger dafür, dass diese Reduktion von einem Teil der Bundesbürger nicht akzeptiert wird (während sich ein anderer an dem ganzen Thema wenig oder uninteressiert zeigt), gilt die Linkspartei nicht im Ganzen, aber ein an Zahl nicht bestimmter Teil ihrer Mitglieder und Sympathisanten. Die Spitze dieser Partei möge, lautet die Forderung, sie entweder zum Schweigen bringen oder sich von ihnen trennen. Täte ihre Führung das, würde sie in den Kreis der Regierungswürdigen aufgenommen.

Das Ansinnen liest sich als eine Zumutung und ist nicht ohne Pikanterie. Vorgebliche Verfechter eines Pluralismus richten es an eine Partei, die sich von derartigem geistig-politischen Reglement losgesagt hat.

Im Grunde erfüllt der Umgang mit der DDR-Geschichte durch Politik, Publizistik und Journalistik – hat man die herrschenden Strömungen im Auge – den Tatbestand einer geistigen Bankrotterklärung. Mit Geschichtsforschung und deren Methoden hat er wenig bis nichts zu tun.

Die renommierte Historikerschaft der Bundesrepublik hat sich von dieser Art Geschichtserforschung und -propaganda – von Ausnahmen wie dem emeritierten Jenaer Geschichtsprofessor Lutz Niethammer, dem Bochumer Honorarprofessor Bernd Faulenbach und dem Potsdamer Hochschullehrer Manfred Görtemaker abgesehen – weitgehend ferngehalten. Darin mag man womöglich doch ein unaufdringliches Walten der Schutzpatronin erblicken, die sich jedoch selbst erkennbar Zurückhaltung auferlegt hat.

Zur Aufgabe der Konfliktscheu oder gar zum Protest gegen die Verletzung und Missachtung geschichtswissenschaftlicher Regeln, Normen und Gebote hat sie niemanden gedrängt. Nur gelegentlich war zu hören, es müsse die Geschichte des untergegangenen deutschen Staates nach eben jenen Prinzipien durchmustert und dargestellt werden, die ganz allgemein in der Historiographie anerkannt sind und gelten sollen.

Was unter Historikern fehlt, ist die Besinnung auf jenes Verhalten, das in den mittelalterlichen Zünften zusammengeschlossene Handwerker praktizierten: Sie wandten sich ent- und geschlossen gegen Pfuscher und Schmutzkonkurrenten. Vergehen gegen die Normen wurden mit Strafen bis zum Ausschluss und zur Auferlegung von Bußgeldern geahndet.

Hierzulande hingegen existieren Wissenschaft und politisch intendierte Scharlatanerie friedlich nebeneinander. Erfahrungsgemäß geht solcher Zustand zu Lasten der Wissenschaft.

In anderen Disziplinen gelten andere Regeln und das Prinzip der Vorsorge. Wer in der Evolutionsbiologie etwas auf sich und sein Metier hält, bekämpft das Vordringen des Kreationisten.

Doch die eingreifenden Kräfte der Clio, die man sich dennoch nicht als eine gealterte und geschwächte Dame vorstellen mag, scheinen begrenzt und, wichtiger noch, sie werden in vielen Gegenden und an vielen Orten gleichzeitig gebraucht, an manchen dringender noch als in der Bundesrepublik Deutschland. Denkt man allein daran, was sich auf dem Felde von Geschichtspropaganda und -politik derzeit im benachbarten Polen, in baltischen Staaten, auf dem Balkan in Kroatien und in Ungarn oder in der Ukraine tut. Wer sich dort dem tobenden antikommunistischen Furor als Historiker entgegenstellen will, braucht mehr als einen Schutzengel.

Schade, dass die Muse keine Tochter und keinen Sohn herangezogen hat, der sie entlastet hätte oder ihren Platz einnehmen und ihre Rolle fortsetzen konnte.

Was ihre Kinder anlangt, herrscht ohnehin letzte Klarheit nicht. Mit Pierus, einem König in Mazedonien, soll sie einen Knaben Hyazinth gehabt haben. Andere Quellen sagen ihr einen Sohn namens Hymenaios mit dem mythologischen König von Sparta Oebalus nach. Wieder anderen zufolge ist sie die Mutter des thrakischen Königs Riesos und auch des königlichen Sängers und Dichters Orpheus. Letzterer aber soll nach dem entgegenstehenden Berichten der Sohn der Kalliope gewesen sein, der Muse der epischen Dichtung, Wissenschaft und Philosophie und gar des Saitenspiels.

Der Wirrwarr der Zeugnisse ist nicht zu enthüllen, da Einträge in Kirchenbüchern und Geburtsurkunden, die es von staatswegen auch in Deutschland erst seit 1876 gibt, fehlen und auch an Vaterschaftsbestimmungen in jenen frühen Zeiten kein Gedanke war.

Wie auch immer: Keiner dieser sagenhaften Herren ist in Clios Spur getreten. So wurde ihr jedoch auch von niemandem Platz oder Rang streitig gemacht. Die behielt sie durch die Jahrtausende, in denen sich Bildhauer, Kupferstecher, Zeichner und Maler, wieder und wieder vorgestellt haben, wie die Dame aussah, die keiner je zu Gesicht bekommen und die uns also auch niemand je getreulich beschrieben hat.

Wer sich die bedeutendsten dieser Werke im Original ansehen will, muss meist weite Wege gehen. Die Mosaike, auf denen sie gemeinsam mit Melpomene, der Muse der Tragödie, den sitzenden Virgil stehend flankiert, können in Tunis besichtigt werden. Die Eremitage in Petersburg besitzt eine Skulptur römischen Ursprungs, die nach einem griechischen Vorbild gefertigt wurde. Im Capitol zu Washington schmückt sie den Eingang zu einer Rotunde. Dort kommt sie gar auf einem geflügelten Triumphwagen daher. In einem Budapester Museum gibt es Clio auf einem Gemälde des französischen Porträtmalers Pierre Mignard. Das Kunsthistorische Museum in Wien präsentiert das Gemälde Jan Vermeers, das sie als Modell des niederländischen Malers zeigt.

Seit 1900 sitzt sie in Wuppertal (damals noch Barmen) in Bronze gegossen auf dem Sockel, auf dem sich die mächtige Gestalt des Eisernen Kanzlers erhebt, der die Uniform der Halberstädter Kürassiere trägt, zu dessen Chef ehrenhalber Wilhelm II. Bismarck bei dessen Entlassung gemacht hatte. Dort fehlen der Muse alle lieblichen Züge und Gesten, mit denen sie Künstler der Antike, des Manierismus und des Barock ausgestattet haben. Martialisch hockt sie da, wartend auf die Großtaten des Mannes über ihr, der schon anderthalb Jahre tot war, als Clio da platziert wurde.

Ganz anders in Potsdam im Park von Sanssouci. Dort ziert sie, gehauen aus Marmor, mit ihren Schwestern einen Platz, der das Musenrondell genannt wird. Auf ihrem Sockel erhebt sie sich anmutig überlebensgroß. So und an diesem Orte wirkt sie ungleich sympathischer als die Wuppertalerin.

Herbert Kierstein

Drachentöter

Die »Stasi-Gedenkstätten« rüsten auf

Die praktizierte Geschichtsdoktrin untersuchte an
verschiedenen Orten im Osten Herbert Kierstein

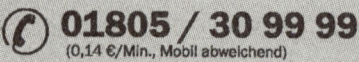